Branka Ternegg

Überzeugungspsychologie

Wer Menschen versteht, ist klar im Vorteil

Reihe

Soft Skills kompakt

Herausgegeben von Stéphane Etrillard

Band 19

Band 1 – Stéphane Etrillard: *Erfolgreiche Rhetorik für gute Gespräche*
Band 2 – Sabine Mühlisch: *Fragen der KörperSprache*
Band 3 – Reinhold Vogt: *Gedächtnis-Training in Frage & Antwort*
Band 4 – René Borbonus: *Die Kunst der Präsentation*
Band 5 – Ute Simon-Adorf: *Was Sie schon immer über Coaching wissen wollten ...*
Band 6 – Arno Fischbacher: *Geheimer Verführer Stimme*
Band 7 – Ute Simon-Adorf: *Mentaltraining in Frage & Antwort*
Band 8 – Stephan Ulrich: *Menschen grafisch visualisieren*
Band 9 – Jürgen W. Goldfuß: *Wer sich nicht führt, der wird verführt*
Band 10 – Doris Kirch: *Der Stress-Coach*
Band 11 – Stéphane Etrillard: *Charisma – einfach besser ankommen*
Band 12 – Birgit Lutzer: *Bringen Sie es auf den Punkt!*
Band 13 – Ursu Mahler: *Der Konflikt-Coach*
Band 14 – Roland Arndt: *Jedes Telefonat ein Erfolg*
Band 15 – Rositta Beck-Rappen: *Büro-Effizienz*
Band 16 – Zach Davis: *Zeitmanagement für gestiegene Anforderungen*
Band 17: Stéphane Etrillard: *Fair zum Ziel*
Band 18 – Stéphane Etrillard: *Auftritt und Wirkung*

Ausführliche Informationen zu jedem unserer lieferbaren und geplanten Bücher finden Sie im Internet unter ↗ http://www.junfermann.de. Dort können Sie auch unseren Newsletter abonnieren und sicherstellen, dass Sie alles Wissenswerte über das Junfermann-Programm regelmäßig und aktuell erfahren. – Und wenn Sie an Geschichten aus dem Verlagsalltag und rund um unser Buch-Programm interessiert sind, besuchen Sie auch unseren Blog ↗ http://blogweise.junfermann.de.

BRANKA TERNEGG

ÜBERZEUGUNGS-PSYCHOLOGIE

WER MENSCHEN VERSTEHT, IST KLAR IM VORTEIL

Junfermann Verlag
Paderborn
2015

Copyright © Junfermann Verlag, Paderborn 2015
Coverfoto © Serg Nvns – Fotolia.com
Covergestaltung / Reihenentwurf Christian Tschepp

Satz Peter Marwitz, Kiel (etherial.de)

Bibliografische Information der Deutschen Nationalbibliothek
Die Deutsche Nationalbibliothek verzeichnet diese Publikation in der Deutschen Nationalbibliografie; detaillierte bibliografische Daten sind im Internet über
↗ http://dnb.d-nb.de abrufbar.

ISBN 978-3-95571-046-0

Dieses Buch erscheint parallel als E-Book
ISBN: 978-3-95571-047-7 (EPUB), 9978-3-95571-356-0 (MOBI), 978-3-95571-357-7 (PDF).

Inhalt

Warum dieses Buch? 9

1. Einführung in die Überzeugungspsychologie 13
1.1 Überzeugen und überzeugt werden 13
1.2 Sich und andere erkennen 15
1.3 Vorteile aus der Psychologie ziehen 15
1.4 Was bedeutet „Überzeugung" für Sie? 16

2. Selbstüberzeugung 19
2.1 Unser Selbstüberzeugungssystem 19
2.2 Die Selbstüberzeugungsformel 20
2.3 Quellen unserer Selbstüberzeugung: soziale Einflüsse 21
2.4 Quellen unserer Selbstüberzeugung: kulturelle Einflüsse 23
2.5 Unsere individuelle Wirklichkeit 29
2.6 Emotionale Verstärker 32

3. Fremdüberzeugung 36
3.1 Überzeugungskunst ist eine Überlebenskunst 36
3.2 Beeinflussungsstrategien aus dem Tierreich 39
3.3 Eine Fremdüberzeugung ist ein aktiver Prozess 43
3.4 Die Fremdüberzeugungsformel 45
3.5 Die inneren Eitelkeiten 46
3.6 Grundlagen eines fairen Fremdüberzeugungsprozesses 49

4. Überzeugen versus Überreden 54
4.1 Überredung durch Wissensmacht 55
4.2 Überredung durch emotionale Macht 58
4.3 Überredung durch psychischen Machtmissbrauch 64

5. Überzeugen versus Manipulieren 69
5.1 Manipulation ist eine Strategie 71

5.2 Manipulationen gibt es überall ... 72
5.3 Wie funktioniert eine psychische Manipulation? ... 75
5.4 Die Stufen einer Manipulation ... 77
5.5 Woran erkennen Sie einen Manipulanten? ... 81
5.6 Wie können Sie sich vor Manipulation schützen? ... 83
5.7 Manipulieren oder überzeugen? ... 87

6. Was hat Psychologie mit Überzeugung zu tun? ... 89
6.1 Der Mensch – das rätselhafte Wesen ... 89
6.2 Es steckt mehr dahinter, als wir ahnen ... 91
6.3 Menschen sind psycho-logisch ... 92

7. Überzeugung und Tiefenpsychologie ... 94
7.1 Sigmund Freud und die drei Brüder ... 96
7.2 Der Rebell – der genussvoll-leichtsinnige Egozentriker ... 97
7.3 Der Prediger – der moralisierende Kritiker ... 99
7.4 Der Manager – der überlegte Vermittler und Entscheider ... 101
7.5 Wer treibt uns an? ... 102
7.6 Die Überzeugungsstrategie eines Rebellen ... 103
7.7 Die Überzeugungsstrategie eines Predigers ... 105
7.8 Die Überzeugungsstrategie eines Managers ... 107

8. Überzeugung und Motivationspsychologie ... 113
8.1 Was sind Bedürfnisse? ... 113
8.2 Vom Bedürfnis zum Motiv ... 117
8.3 Werden Sie zum Motivationsprofiler ... 120
8.4 Von der Motivation zur Überzeugung ... 123
8.5 Profiling-Check für Ihre Überzeugungsarbeit ... 124

9. Überzeugung und Verhaltenspsychologie ... 129
9.1 Überzeugungspsychologischer Verhaltenskodex ... 129
9.2 Die verhaltenspsychologische Überzeugungsformel ... 132
9.3 Ihre Haltung: Überzeugen Sie auf Augenhöhe ... 135
9.4 Ihre Wertschätzung: Überzeugen Sie mit dem Wohlfühlfaktor ... 139
9.5 Operante Konditionierung in Überzeugungsprozessen ... 143

10. Überzeugung und Sozialpsychologie ... 147
10.1 Wie du mir, so ich dir ... 147
10.2 Rar und wertvoll ... 150
10.3 Ohne Yin kein Yang ... 153
10.4 Auf das Wie kommt es an ... 157
10.5 Der Silberrücken hat immer recht ... 160
10.6 Die Masse macht's ... 164
10.7 Versprochen ist versprochen und niemals gebrochen ... 167
10.8 Soziale Überzeugungskraft oder asoziale Betrugsfalle? ... 171

11. Rhetorische Überzeugungskunst ... 173
11.1 Aufmerksam Zuhören: Reden ist Silber, Schweigen ist Gold ... 174
11.2 Paraphrasieren: Spieglein, Spieglein an der Wand ... 175
11.3 Informationen einholen: Wer, wie ‚was? ... 177
11.4 Überzeugend argumentieren ... 178
11.5 Emotionale Überzeugungskraft: Bilder im Kopf wecken ... 182
11.6 Überzeugend strukturieren: Dem roten Faden folgen ... 187

12. Auf den Punkt: Die Schrittfolge für einen gelungenen Überzeugungsprozess ... 189

Literatur ... 195
Über die Autorin ... 199

Warum dieses Buch?

Liebe Leserin, lieber Leser[1],

die Entscheidung, dieses Buch zu schreiben, ist mir nicht leichtgefallen, auch wenn mich das Thema „Überzeugung und Menschenkenntnis“ fast schon mein ganzes Leben begleitet. Das Thema ist so komplex und vielfältig wie die Menschen selbst, daher ist es schier unmöglich, alle Faktoren zu berücksichtigen, die das Geheimnis der persönlichen Überzeugungskraft vollständig entschlüsseln. Das liegt daran, dass Menschen multidimensional sind und dass es bisher keine eindeutige Anleitung oder Gebrauchsweisung für das Phänomen „Mensch“ gibt. Vielmehr können wir von einer individuellen Faszination sprechen, die uns verführt, uns mit diesem Thema intensiv auseinanderzusetzen. Mich persönlich hat diese Faszination bereits sehr früh gepackt und bis heute nicht mehr losgelassen.

Das erste Mal, als mir bewusst wurde, wie wichtig unsere persönliche Überzeugungskraft ist, war ich gerade einmal sechs Jahre alt und hatte meinen ersten öffentlichen Auftritt als kleine Pianistin. Diese Erfahrung hat meine Gefühle auf den Kopf gestellt, da ich zum ersten Mal erfahren konnte, wie toll es sich anfühlt, für die eigene Leistung vom überzeugten Publikum einen Applaus zu bekommen. Im Laufe der Jahre und während meines Klavierstudiums verlief nicht immer alles so glatt. Ich hatte sehr gute, aber auch sehr schlechte Auftritte, weil ich z.B. nicht gut genug vorbereitet war oder einfach einen schlechten Tag hatte. Ein Konzertpianist hat ein ähnliches Leben wie ein Hochleistungssportler – er muss täglich mehrere Stunden lang trainieren, um in Höchstform zu bleiben und dann bei einem Konzert punktgenau seine beste Leistung abzuliefern. Es ist hart, aber das sind die Spielregeln: Egal wie lange und hart du trainierst, du musst echte Ergebnisse liefern, um dein Publikum

1 Ich spreche mit diesem Buch Sie als individuelle und selbstbestimmte Persönlichkeit an. Wegen besserer Lesbarkeit werde ich bei der direkten Ansprache die männliche Form wählen, obwohl selbstverständlich damit beide Geschlechter gemeint sind.

zu überzeugen. Mit einer Absichtserklärung oder bloßem Versprechen kommst du in diesem Beruf nicht weiter. Diesen hohen Überzeugungsanspruch habe ich tief im Innern verankert und auf alle späteren Tätigkeitsbereiche übertragen.

Unmittelbar nach meinem abgeschlossenen Klavierstudium beschloss ich, nach Wien auszuwandern, da sich zum damaligen Zeitpunkt mein Geburtsland Kroatien mitten im Balkankrieg befand. Meinen Auswanderungsort hatte ich bewusst gewählt, in der Hoffnung, mich in einem freien Land künstlerisch und wirtschaftlich besser entfalten zu können. Die Herausforderungen der Integration waren enorm, weil mich die Fremdsprache, die Kultur und die westliche Orientierung in den ersten Jahren maßlos überforderten. Meine persönliche Überzeugungskraft befand sich damals auf dem Nullpunkt und ich durfte Schritt für Schritt mühsam erlernen, mich in einem fremden Land durchzusetzen.

Meine anfängliche kommunikative Inkompetenz und mangelnde Ausdrucksstärke waren für mich unerträglich. Ich verstand sehr schnell, wie wichtig Kommunikation im Umgang mit anderen Menschen ist: Durch das, was wir von uns geben und wie wir es zum Ausdruck bringen, erzeugen wir unser Image und geben anderen die Orientierung, wie sie mit uns umzugehen haben. Je besser ich mich in der fremden Sprache ausdrücken konnte, umso größer war meine Überzeugungskraft.

Die Herausforderung, als erwachsener Mensch eine neue Sprache zu erlernen, hatte für mich einen enormen Vorteil: Ich wurde mir jeder einzelnen Kleinigkeit dieses Lernprozesses bewusst und entwickelte ein Feingespür für Nuancen und Unterschiede, die uns in unserer Muttersprache zum großen Teil unbewusst sind, weil wir mit ihnen aufwachsen und sie als selbstverständlich betrachten. Je mehr ich mich auf die bewusste Kommunikation mit Menschen unterschiedlicher Kulturkreise konzentrierte, umso mehr erfuhr ich über die Vielfalt menschlicher Antreiber und daraus resultierender Gedanken, Gefühle und Verhaltensweisen.

Die Verbindung zwischen emotionalen Vorgängen und Sprache ist unglaublich vielfältig und für mich faszinierend, genauso wie Musik. Ich betrachte Menschen wie Musikinstrumente, die jeweils in einer individuellen Eigenart mal schönere und mal schiefere Töne von sich geben. Die Kunst besteht für mich darin, sich in einer zwischenmenschlichen Interaktion so weit aufeinander einzustimmen, dass möglichst angenehme und wohlklingende Ergebnisse dabei herauskommen, die allen Spaß machen und mehrfache Vorteile bringen. Das ist auch meine persönliche Definition zwischenmenschlicher Überzeugung.

Aus dieser Faszination heraus rückte das Thema „Überzeugungspsychologie“ schon vor Jahren in den Mittelpunkt meiner Tätigkeit. Es dauerte allerdings noch ein paar Jahre, bis mir das wirklich bewusst wurde. Erst durch den Berufswechsel in die Bereiche Marketing, Vertrieb und Verkauf und später ins Bildungswesen und in die Psychologie fügten sich alle Puzzlesteinchen zusammen, sodass ich mein Thema benennen konnte. Es brauchte wiederum ein paar Jahre, bis ich beschloss, mein Wissen und meine Erfahrungen über dieses Thema in diesem Buch zu veröffentlichen. Hierbei möchte ich mein großes Dankeschön allen Menschen, die mich bei der Entstehung dieses Buches unterstützt haben, aussprechen. Insbesondere mein Lebenspartner und mein Autoren-Coach, Anja Hilgarth, haben mich mit viel Geduld und Feingefühl motiviert, auch dann weiterzumachen, wenn ich beim Schreiben nur sehr schleppend vorwärtskam.

Was erwartet Sie in diesem Buch?

Gleich vorweg: Ihnen werden keine vorgefertigten Überzeugungsrezepte präsentiert. Ich biete Ihnen vielmehr eine Inspirationsquelle an, die Ihnen hilft, Menschen besser zu verstehen und Ihre persönliche und individuelle Überzeugungskraft durch Selbstreflexion zu entfalten. Aus meiner persönlichen Erfahrung heraus habe ich festgestellt, dass unsere Überzeugungskraft proportional mit unserer Menschenkenntnis steigt. Um Menschen besser zu verstehen, ist es daher unvermeidlich, eigene Erfahrungen zu sammeln und daraus zu lernen. Das fundierte psychologische oder rhetorische Wissen, das wir uns aus Literatur, Studien und Forschungen aneignen können, bleibt für uns nutzlos, wenn wir keine

Selbstreflexionsfähigkeit besitzen; wenn wir uns nicht trauen, eigene praktische Erfahrungen zu sammeln und diese umzusetzen. Aus diesem Grund ist es mir wichtig, Sie mit diesem Buch zu berühren, anstatt Sie mit wissenschaftlich-theoretischen Konzepten zu überfordern.

Das Buch verfolgt drei Ansätze: den des Informierens, den des Reflektierens und den des Überprüfens. Die Inhalte sind so aufbereitet, dass Sie sie leicht verstehen und anwenden können, auch wenn Sie keine Vorkenntnisse in Psychologie haben. Sie werden erfahren, dass eine Überzeugung erst dann abgeschlossen ist, wenn die zu erwartenden Ergebnisse vorliegen. Ein Pianist erfährt, ob sein Klavierspiel überzeugend war, wenn er nach dem letzten Ton entweder die Zustimmung oder die Ablehnung seines Publikums erhält. Ein überzeugender Gesprächspartner kann sich ebenso erst am Ende des Überzeugungsgesprächs über die Zustimmung seines Gesprächspartners freuen. Und so ist es auch mit diesem Buch: Erst wenn Sie die Inhalte wirklich umsetzen, werden Sie merken, ob sich Ihre Menschenkenntnis und Ihre Überzeugungskraft verbessert haben.

Daher lade ich Sie ein, sich nicht nur von den Inhalten theoretisch überzeugen zu lassen, sondern auch den Mut zu haben, einen weiteren, praktischen Schritt zu gehen: Benutzen Sie dieses Buch als Sprungbrett, um möglichst viele neue Erfahrungen zu sammeln, die Sie unter neuen Gesichtspunkten auswerten. Ich wünsche Ihnen viel Freude beim Lesen und freue mich, wenn Sie dadurch ein besserer Menschenkenner und charismatischer Überzeugungskünstler werden.

Ihre
Branka Ternegg

1. Einführung in die Überzeugungspsychologie

Selbstbewusst, selbstsicher und überzeugend zu sein und dabei als natürliche Autorität akzeptiert zu werden ist keine leichte Aufgabe. Das Leben ist sehr anspruchsvoll: Einerseits müssen wir vielfältig und flexibel sein und andererseits Experten in dem, was wir tun. Unser Informationszeitalter lässt uns keine ruhige Minute, denn das Wissen verbreitet sich mit rasanter Geschwindigkeit. Kaum haben wir etwas gelernt und erreicht, schon sind wir mit unserer Expertise fast nicht mehr aktuell. Unsere fachliche Überzeugung verliert bei diesem rasanten Tempo schnell an Bedeutung. Und während wir von einer zur nächsten Fortbildung hetzen, um uns noch mehr Expertenwissen anzueignen, haben wir beinahe vergessen, worauf es in zwischenmenschlichen Beziehungen ankommt:

Wenn wir andere für uns gewinnen wollen, müssen wir sie in erster Linie auf einer menschlichen Ebene erreichen, müssen ihre Gefühle und Bedürfnisse verstehen und ansprechen.

1.1 Überzeugen und überzeugt werden

Diese menschliche, psychologische Ebene hat sich im Laufe der Evolution kaum geändert. Wir Menschen haben nach wie vor die gleichen emotionalen Bedürfnisse nach Anerkennung, Sicherheit, Vertrauen, Leistung oder Unabhängigkeit, die auch unsere Urahnen hatten. Die Erfüllung dieser Bedürfnisse reduziert unsere Ängste und befähigt uns, das Leben souverän zu meistern.

Wir alle möchten auf der einen Seite andere Menschen von etwas überzeugen und auf der anderen Seite von neuen Ideen überzeugt werden, um unsere Horizonte zu erweitern, neues Wissen zu erlangen oder bessere Ergebnisse zu erzielen. Niemand ist fähig, ganz alleine zu überleben, daher suchen wir ständig nach passenden Partnern, die uns helfen, das Leben einfacher oder erfolgreicher zu gestalten. Gleichzeitig möchten wir die Kontrolle über unser eigenes Leben nicht so leichtfertig abgeben und überprüfen genau, wer uns guttut und wer nicht.

Nur die Menschen, die uns aus unserer Sicht richtig behandeln und uns Vorteile verschaffen, bekommen langfristig die Chance, unser Leben mitzugestalten. Diese Menschen bezeichnen wir als überzeugend, charismatisch oder selbstsicher und überlassen ihnen in bestimmten Situationen freiwillig die Führung.

Manchmal treffen wir auch falsche Entscheidungen und lassen es zu, von Menschen beeinflusst zu werden, die uns auf Dauer nicht guttun. Das kann dann geschehen, wenn wir nur wenig von uns selbst überzeugt sind und unser Selbstwertgefühl auf wackeligen Füßen steht; wenn wir nicht genau wissen, wer wir sind, was wir wollen und wofür wir stehen. Dann sind wir leichte Beute für Manipulanten und Trickser, denn wir können die egoistischen Hintergründe solcher Menschen nicht erkennen und können nicht mehr unterscheiden zwischen guten und negativ-manipulatorischen Absichten, aus denen heraus andere uns überzeugen wollen.

Sie werden in späteren Kapiteln erfahren, welche Unterschiede es zwischen Überzeugung, Überredung und Manipulation gibt und wie Sie sich vor negativen Einflüssen schützen können.

In diesem Buch geht es vor allem um die positive Einflussnahme durch Selbst- und Fremdüberzeugung. Unter Selbstüberzeugung verstehe ich die Überzeugung, die aufgrund unserer eigenen Erfahrungen aus uns selbst heraus erwächst oder erwachsen ist; diese Selbstüberzeugungen versuchen wir an andere weiterzugeben. Fremdüberzeugungen nehmen wir dagegen von anderen an, weil diese uns von etwas überzeugen konnten.

Das Ziel ist, mehr Bewusstheit über diese Überzeugungsprozesse zu gewinnen, positive Absichten zu erkennen und zu verfolgen und dadurch im Sinne aller Beteiligten vorteilhaft zu handeln.

Mit der Selbst- und Fremdüberzeugung beschäftige ich mich eingehender in den nächsten Kapiteln.

1.2 Sich und andere erkennen

Die reine Intuition, die gerne auch als „Bauchgefühl“ bezeichnet wird, weist uns oft den richtigen Weg und hat manchem von uns sicher schon mehr als einmal aus einer schwierigen Situation geholfen. Doch unsere Intuition ist von unserem aktuellen Befinden und unserer Tagesform abhängig; wenn wir uns wohlfühlen und einen guten Zugang zu unserem Bauchgefühl haben, werden wir unsere intuitiven Impulse besser wahrnehmen können als in einer stressigen Situation.

Für unsere Aufgabe, uns selbst oder auch andere zu überzeugen, bedarf es zusätzlich der Erkenntnis, wer wir sind und wer unsere Gesprächspartner sind, vor allem auf der unbewussten, verborgenen Ebene. Je klarer und deutlicher wir erkennen, was uns selbst motiviert und glücklich macht, umso entschlossener werden wir unsere selbst gesteckten Ziele verfolgen und umso selbstüberzeugter werden wir von unserer Umwelt wahrgenommen. Wir managen uns bewusst durch unsere Selbsterkenntnis und Selbstüberzeugung in die gewünschte Richtung.

Genauso verhält es sich, wenn wir „fremdüberzeugen“ wollen: Je klarer und schneller wir erkennen, was andere Menschen motiviert und antreibt, um glücklich und zufrieden zu sein, desto leichter werden wir von ihnen akzeptiert. Als Belohnung dafür bekommen wir die Erlaubnis, einen bestimmten positiven Einfluss auf ihr Leben auszuüben.

1.3 Vorteile aus der Psychologie ziehen

Der respektvolle und wertschätzende Weg der Selbst- oder Fremdüberzeugung wird über ein tieferes Verständnis der menschlichen Psyche geebnet. Das Wissen, das früher nur studierten Psychologen und Ärzten zu medizinischen Zwecken zugänglich war, erfreut sich heute immer größerer Beliebtheit in unserem privaten und beruflichen Alltag. Die Vorteile, die wir aus diesem Wissen für uns gewinnen können, erleichtern uns unseren Lebensweg und sorgen für eine tiefere Menschenkenntnis, um Mitarbeiter, Kunden oder Partner besser einschätzen zu können.

So setzt sich auch Überzeugungspsychologie aus mehreren thematischen Schwerpunkten zusammen, die ihren Ursprung in der wissenschaftlichen Psychologie haben: aus der Verhaltens-, der Motivations-, der Persönlichkeits-, der Sozial- und der Tiefenpsychologie. Hinzu kommen noch die Erkenntnisse aus der Gehirn- und Emotionsforschung, aus Kommunikation und Rhetorik. All diese Komponenten spielen bei Überzeugungsprozessen eine wichtige Rolle und sollten im Ansatz verstanden werden, wenn wir unsere Überzeugungsfähigkeit bewusst reflektieren und erweitern wollen. In den Kapiteln 6 bis 10 nehme ich Sie mit auf eine faszinierende Reise in die Welt dieser Psychologie-Bereiche.

1.4 Was bedeutet „Überzeugung" für Sie?

Es ist interessant, wie oft wir im Leben Begriffe wie „Überzeugung", „Überzeugungskraft", „jemanden überzeugen", „überzeugend wirken und auftreten", „von etwas überzeugt sein", „sich überzeugen lassen" verwenden, ohne uns Gedanken zu machen, was wirklich dahinter steht.

Um dieses Thema etwas genauer zu erfassen, lade ich Sie herzlich dazu ein, sich interaktiv an diesem Kapitel zu beteiligen. (Diesen und alle weiteren interaktiven Teil/e in diesem Buch erkennen Sie an diesem ⓘ.) Ich werde Ihnen einige Fragen stellen, die für Ihre psychologische Selbsterkenntnis wichtig sind. Nehmen Sie sich einen Block und Stift oder erstellen Sie eine neue Datei auf Ihrem Computer und schreiben Sie Ihre Gedanken mit. Wenn Ihnen das zu aufwendig ist, dann beantworten Sie einfach diese Fragen gedanklich in einem inneren Dialog. Ihnen zu vermitteln, dass der psychologische Anteil der Überzeugung Ihre innere

Bereitschaft voraussetzt, sich mit dem Thema nicht nur oberflächlich, sondern auch etwas genauer zu befassen, ist mir ein Anliegen. Durch Ihre Selbstreflexion steigen Sie sofort in das Thema ein und sind bereit, weitere Inhalte nicht nur zu verstehen, sondern auch in Ihren Alltag erfolgreich zu integrieren.

Bevor Sie weiterlesen ...

Bitte nehmen Sie sich kurz Zeit und versuchen Sie die folgenden Fragen zu beantworten, um herauszufinden, wie Sie selbst zum Thema „Überzeugungen" stehen.

- Was verstehen Sie unter Überzeugung, lieber Leser?
- Wann sind Sie in einer Sache oder von einer Idee überzeugt?
- Wann wirken Sie selbst besonders überzeugend?
- Was muss jemand tun, um Sie zu überzeugen?
- Was müssen Sie tun, um jemanden zu überzeugen?
- Wo findet für Sie Überzeugung statt – im Kopf, im Bauch oder im Herzen?
- Welche Faktoren spielen im Überzeugungsprozess aus Ihrer Sicht die entscheidende Rolle?
- Warum sind manche Menschen überzeugender als andere?
- Warum sind manche Menschen schwer von etwas zu überzeugen?

Vielleicht haben Sie an dieser Stelle in etwa so geantwortet?

- „Überzeugung ist das, was ich als richtig betrachte."
- „Überzeugt-Sein ist ein Gefühl der inneren Stimmigkeit."
- „Ich bin von etwas überzeugt, wenn es auch gut für mich ist."
- „Manchmal habe ich Angst, dass ich nicht überzeugt, sondern vielmehr überredet oder manipuliert werde."
- „Ich wirke auf andere überzeugend, wenn ich selbst von einer Sache überzeugt bin."

Egal, wie Sie auf vorherigen Fragen geantwortet haben: Sie liegen richtig, denn jeder von uns hat zu dem Thema „Überzeugung" unterschiedliche Erfahrungen gesammelt. Nur wie und warum es zu dieser Einstellung gekommen ist, das bleibt nach wie vor für viele Menschen ein Rätsel.

In den nächsten Kapiteln werden unterschiedliche Sichtweisen von Überzeugung dargestellt, um dieses komplexe Thema zu erfassen, denn eine Überzeugung passiert immer in einer Interaktion zwischen dem Sender, dem „Überzeuger“ und dem Rezipienten, dem „Überzeugten“, und muss daher von mindestens zwei Seiten betrachtet werden.

Sie werden zwischen Selbstüberzeugung und Fremdüberzeugung differenzieren können, wodurch Sie anschließend mehr Klarheit, Transparenz und Überblick über den gesamten Überzeugungsprozess gewinnen. Lassen Sie uns den interaktiven Dialog später fortsetzen.

2. Selbstüberzeugung

Das Wort „Überzeugung“ wird im deutschsprachigen Raum als eine feste, durch Nachprüfen eines Sachverhalts oder durch Erfahrung gewonnene unerschütterliche Meinung, Einstellung oder ein fester Glaube eines Menschen definiert. Eine Überzeugung ist also viel mehr als eine vorübergehende Meinung. Während eine Meinung über jemanden oder etwas noch leicht veränderbar ist, sitzt die Überzeugung viel tiefer, weil sie durch Erfahrungen und Beweise gefestigt wurde.

Bei dieser Definition geht es im Grunde um eine Selbstüberzeugung, also eine Überzeugung, die wir als unsere „eigene“ bezeichnen. Es gibt nicht „die Überzeugung“ oder „allgemeine Überzeugung“, sondern immer nur „meine persönliche Überzeugung“. Daher können wir berechtigt von einer „Selbstüberzeugung“ sprechen, auch dann, wenn wir diese Selbstüberzeugung mit einigen anderen Menschen teilen, weil wir diesbezüglich gleiche oder ähnliche Erfahrungen gesammelt haben.

2.1 Unser Selbstüberzeugungssystem

Die Selbstüberzeugung ist also der Zustand, in dem wir zu einer festen Position gegenüber Menschen, Ideen, Sachen, Werten, Ereignissen oder Handlungen im Laufe einer bestimmten Erfahrungszeit gekommen sind. Die Selbstüberzeugung erkennen wir an der Formulierung: „Ich bin der (festen) Überzeugung, dass …“ Meistens kann diese Überzeugung anhand von Argumenten und Beispielen begründet werden, manchmal aber auch nicht. Für einige Menschen reicht schon ein positives Gefühl aus, um zu sagen, dass sie von etwas überzeugt sind. In solchen Fällen dient ein Gefühl als Erfahrungsreferenz, die zwar nicht rational begründet werden kann und dennoch einen hohen Einfluss auf die Selbstüberzeugung hat.

Selbstüberzeugungen sind also all das, was wir uns erlauben zu glauben, deshalb werden Überzeugungen manchmal auch als „Glaubenssätze“ definiert.

Sie sind tief in uns verankert und werden seit dem Beginn unseres Lebens aus unseren Erfahrungen gebildet. Das soziale Umfeld, die Genetik, Erziehung, Kultur und Religion, die uns seit unserer Geburt begleiten und prägen, spielen bei tief sitzenden Überzeugungen eine wichtige Rolle. Daraus ergeben sich unsere Werte, Ideen, Einsichten, Emotions- und Verhaltensmuster, die uns zum großen Teil unbewusst sind. Sie prägen unseren Alltag und wirken sehr subtil in allem, was wir denken oder tun, und bilden somit unser festes Selbstüberzeugungssystem.

2.2 Die Selbstüberzeugungsformel

Mithilfe einer Formel ausgedrückt würde die Definition der Selbstüberzeugung in etwa so aussehen:

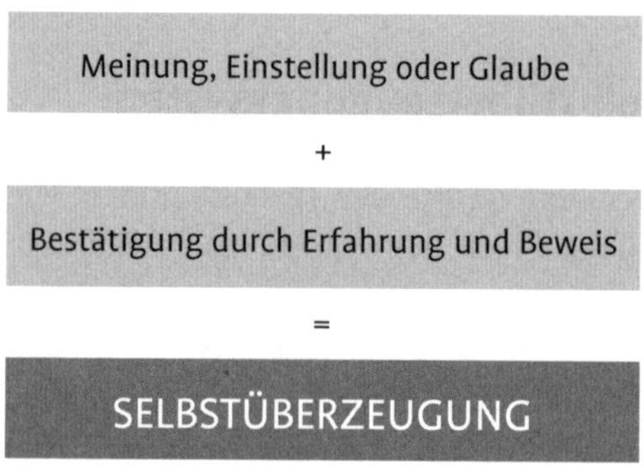

Abbildung 1: Selbstüberzeugungsformel

Je mehr positive Erfahrungen oder Referenzen wir zu unseren Überzeugungen sammeln, umso tiefer und nachhaltiger werden sie in uns verankert. Eine ganz feste Selbstüberzeugung sitzt schließlich so tief, dass sie irgendwann mal nicht mehr überprüft, sondern von uns nur als wahr und richtig angenommen wird. Im Laufe der Zeit können sich unsere Erfahrungen sogar ändern, das heißt, sie bestätigen nicht mehr die primäre Selbstüberzeugung, und dennoch glauben wir immer noch an ihre Richtigkeit.

Hierzu gibt es eine sehr schöne Geschichte aus Indien, die von dem Alternativmediziner und Buchautor Deepak Chopra[2] stammt:

> In Indien werden Elefanten als Transporttiere genutzt und müssen von frühester Zeit für ihre Aufgabe trainiert werden. Bereits kleine Baby-Elefanten werden auf dem hinteren Fuß mit schweren Eisenketten befestigt und dann an große und schwere Bäume angebunden, um nicht davonlaufen zu können. So sammelt der kleine Elefant sehr früh die Erfahrung, dass es sich nicht lohnt, an der Kette zu ziehen, weil sie stärker ist als er. Nach mehreren Jahren, wenn der Elefant ausgewachsen ist, wird er nur noch mit einem dünnen Seil an ein kleines Bäumchen angebunden und läuft dennoch niemals davon, obwohl er mehrere Tonnen schwer und drei Meter hoch ist und mit Leichtigkeit das Seil sprengen könnte.

Wie ist das möglich? Die Antwort liegt in der Selbstüberzeugung, die aufgrund der konditionierten, also auf die gleiche Art wiederholten und erlebten Erfahrung, zustande gekommen ist. Wir Menschen verhalten uns in unserem Selbstüberzeugungssystem genauso wie dressierte Elefanten und sollten uns daher bewusst sein, welche Macht unsere Selbstüberzeugungen in unserem Leben haben. Manchmal sind sie auf lange Sicht sinnvoll und tun uns gut – und manchmal nicht. Daher sollten sie regelmäßig von uns selbst auf Aktualität und Relevanz überprüft werden, sodass sie nicht zu einem Irrglauben mutieren können.

2.3 Quellen unserer Selbstüberzeugung: soziale Einflüsse

Die allerersten Selbstüberzeugungen, die wir in unserem Leben sammeln, werden uns über die Erziehung von unseren Eltern übermittelt.

2 Diese Geschichte von Chopra hat weite Verbreitung gefunden und findet sich in vielen Büchern und an vielen Stellen im Internet, z.B.: ↗ http://www.rolfing-movement.de/Kurzinfo/Artikel/Deepak_Chopra/deepak_chopra.HTM

Es sind also die Glaubenssätze und Selbstüberzeugungen unserer Eltern, die auf ihren eigenen Erfahrungen beruhen und uns im frühen Kindesalter bewusst oder auch unbewusst weitergegeben werden. Als Kinder überprüfen wir diese Überzeugungen nicht, sondern nehmen sie als richtig wahr und bemühen uns, danach zu handeln, um unsere Eltern zufriedenzustellen.

Durch weitere soziale Einflüsse im Kindergarten, später in der Schule, danach in unserem Arbeitsumfeld, im Kontakt mit unseren Freunden und Bekannten erfahren wir immer mehr über fremde Überzeugungen, die uns in unserem Denken und Handeln prägen und beeinflussen. Manche lassen uns völlig kalt und manche finden wir interessant, weil die Erfahrungen anderer Menschen positiv sind. Deshalb versuchen wir, diesen Überzeugungen zu folgen in der Hoffnung, ebenso positive Erfahrungen damit zu sammeln. Wir suchen uns sozusagen überzeugende Vorbilder für bestimmte Lebensbereiche aus und geben uns die innere Erlaubnis, deren Überzeugungen zu folgen. Dabei wissen viele dieser Vorbilder gar nicht, wie viel sie passiv zu unserem Selbstüberzeugungssystem beigetragen haben; sie wollten uns ja nicht aktiv überzeugen, sondern wir haben uns von ihnen etwas „abgeschaut".

Eine Vielzahl von Überzeugungen, die wir als „unsere" bezeichnen, sind daher fremde und subtile Einflüsse, die wir durch unsere Lebenserfahrung gewonnen haben.

Viele bekannte Sprichwörter und Weisheiten, die wir in unserer Kindheit gehört haben, sind nichts anderes als feste Überzeugungen anderer Menschen, die manchmal über Generationen weitergegeben wurden. Hierzu einige Beispiele, die auch Sie bestimmt kennen:

- „Früher Vogel fängt den Wurm."
- „Alte Liebe rostet nicht."
- „Arbeit, Müßigkeit und Ruh schließt dem Arzt die Türe zu."
- „Auf einen Weisen kommen tausend Narren."
- „Betrunkene und Kinder sagen die Wahrheit."
- „Das Leben ist kein Ponyhof."
- „Der Klügere gibt nach."
- „Ehrlich währt am längsten."

- „Es ist noch kein Meister vom Himmel gefallen."
- „Nur die Harten kommen in den Garten."
- „Übung macht den Meister."
- „Was Hänschen nicht lernt, lernt Hans nimmermehr."
- „Nicht gerügt ist bereits gelobt."

Bevor Sie weiterlesen ...

Bitte nehmen Sie sich kurz Zeit und versuchen Sie folgende Fragen für sich zu beantworten, um sich über Ihre frühesten Selbstüberzeugungen klar zu werden.

- Vielleicht erinnern Sie sich gerade an Ihre spezifischen Überzeugungssätze, die in Form von Sprichwörtern an Sie weitergegeben wurden? Welche sind das genau?
- Von wem wurden diese Sätze an Sie herangetragen?
- Waren diese Personen für Sie Vorbilder?
- Welche Erfahrungen haben Sie damit gesammelt?
- Wurden diese Überzeugungen aufgrund Ihrer eigenen Erfahrungen bestätigt?
- Gibt es auch Ausnahmen, wo diese Überzeugungen nicht relevant sind?
- Sind diese Sprichwörter immer noch prägend für Ihr Leben oder haben Sie sie irgendwann fallen gelassen, weil sie für Sie nicht mehr zielführend oder gültig waren?
- Durch welche Selbstüberzeugungen haben Sie diese ersetzt?

2.4 Quellen unserer Selbstüberzeugung: kulturelle Einflüsse

Neben unserer Erziehung und den sozialen Kontakten spielen kulturelle und dazugehörige politische und religiöse Einflüsse bei der Entstehung unserer Selbstüberzeugungen eine wichtige Rolle. Diese Überzeugungen haben einen kollektiven Einfluss auf die Gesellschaft, in der wir leben. Ihnen können wir uns nur sehr schwer entziehen, weil sie ein fester Bestandteil unseres sozialen Umfelds und unserer Kultur sind.

Solche Überzeugungen spiegeln sich in den typischen (auch ungeschriebenen) gesellschaftlichen Normen und Gesetzen der jeweiligen Kultur wider. Manche sind also von hoher Relevanz für eine bestimmte Kultur und prägen die spezifische Lebensart der in diesem Umfeld lebenden Menschen. In anderen Kulturkreisen hingegen sind diese Überzeugungen irrelevant. Lassen Sie uns diese Aussage überprüfen, indem wir zwei unterschiedliche Kulturkreise miteinander vergleichen:

Beispiel 1: Deutschland

Die westliche Kultur wird sehr stark durch Wirtschaft und Leistung geprägt. So sind in Deutschland die meisten Menschen der Überzeugung, dass Arbeit und materieller Wohlstand eine wichtige Rolle in ihrem Leben spielen, nach dem Motto: Erst die Arbeit, dann das Vergnügen. Wer wirtschaftlichen Erfolg hat, bekommt eher Anerkennung und Lob und kann sich leichter im Leben durchsetzen. So stehen der Wert „materieller Wohlstand" und das Motiv „Leistung" in der deutschen Kultur auf der Werteskala ganz oben und bilden somit die Überzeugung „Arbeit geht vor". Das bekannte schwäbische Volkslied „Schaffe, schaffe, Häusle baue" bringt diese Überzeugung sehr gut auf den Punkt:

> „Schaffe, schaffe, Häusle baue,
> Und net nach de Mädle schaue.
> Und wenn unser Häusle steht
> Dann gibts noch lang kei Ruh,
> Ja ,da spare mir, da spare mir
> Für e Geissbock und e Kuh ..."

Beispiel 2: Brasilien

In südlichen Ländern, wo die Sonne das ganze Jahr über scheint, sieht es allerdings ganz anders aus. Nehmen wir zum Beispiel Brasilien: Woran denken Sie zuerst, wenn Sie das Wort „Brasilien" aussprechen – an

Samba, wunderschöne Strände oder Karneval? In diesem unglaublich bunten und fröhlichen Land herrscht die übergeordnete Überzeugung, dass viele berufliche Herausforderungen und Aufgaben auf morgen, übermorgen, nach Karneval oder für immer verschoben werden können. Anstatt sich um existenzielle oder materielle Angelegenheiten zu kümmern, wird hier lieber in der Gemeinschaft ausgelassen gefeiert, getanzt, gesungen und gescherzt. Aus der tiefen kollektiven Überzeugung heraus haben in Brasilien Kunst, Kreativität, Spaß und gutes Lebensgefühl den höchsten Stellenwert und werden der Arbeit und dem materiellen Wohlstand vorgezogen. Diese kulturelle Überzeugung ist genau das Gegenteil der westlichen Mentalität und lautet: „Zuerst das Vergnügen und später die Arbeit."

Wir konnten diese kulturelle Überzeugung bei der Fußball-Weltmeisterschaft 2014 sehr gut beobachten. Im legendären Halbfinale verlor Brasilien gegen Deutschland mit 1:7 und erlitt dadurch mehr als eine Niederlage. Man konnte fast von einer Demütigung im eigenen Land sprechen. Obwohl das für viele brasilianische Fußballfans sehr emotional und traurig war, gingen sie nach dem Spiel feiern und tanzen und gratulierten öffentlich der eindeutig stärkeren deutschen Mannschaft zu ihrem Sieg. Die Sorge und der Kummer, wie sich das auf die Zukunft des Fußballs in ihrem Land auswirken würde, verschoben die emotionalen Brasilianer auf später.

Mal angenommen, es wäre andersherum gekommen und das deutsche Fußballteam hätte eine solche Niederlage in einem WM-Halbfinale im eigenen Land erlitten: Dann hätten sich bestimmt alle Verantwortlichen und auch Fans zerknirscht zusammengesetzt und mit ernsten Mienen diskutiert, wie das nun passieren konnte und was sofort getan werden müsse, um dieses Problem zu lösen.

Aus diesem Vergleich ist leicht zu erkennen, welche große Rolle die Kultur und die sozialen Einflüsse auf unsere Überzeugungen haben. Sie sind so subtil, dass sie von uns gar nicht überprüft, sondern unbewusst übernommen werden, ob wir es wollen oder nicht. Wir erkennen solche Überzeugungen, indem sie begründet werden mit den Sätzen: „Das macht man so" oder „So ist es bei uns".

Aus eigener Erfahrung kann ich berichten, dass kulturelle und landesspezifische Überzeugungen nach einer Auswanderung unvermeidlich infrage gestellt und mit der Zeit nachhaltig verändert werden. Eine Auswanderung verändert sowohl persönliche Wertvorstellungen als auch das eigene Selbstüberzeugungssystem. Hier erfahren Sie meine ganz persönliche Geschichte.

Eigenes Beispiel

Im Alter von 21 Jahren bin ich als gebürtige Kroatin mitten im Balkankrieg nach Österreich ausgewandert, mit der festen Überzeugung im Gepäck, dass ein vom Krieg geplagtes Land meiner beruflichen Zukunft nichts Attraktives bieten konnte. Zusätzlich erlebte ich die Zerstörung, die Aggression und das Leid der Menschen als unerträglich und fühlte mich absolut ohnmächtig, irgendetwas daran zu ändern. Aufgrund dieser persönlichen und sehr emotionalen Überzeugungen erfolgte die Handlung und ich wagte den entscheidenden Schritt, in das Nachbarland Österreich auszuwandern.

Ich hatte mir im Vorfeld nicht so viele Gedanken über die fremde Sprache oder über die fremde Kultur gemacht, sondern wollte einfach die aktuellen Lebensumstände verbessern. Wenn Sie meinen, ich war etwas blauäugig und unerfahren, dann haben Sie absolut recht. Die ersten Erfahrungen, die ich sammeln durfte, waren für mich sehr bitter. Zum Beispiel habe ich das erste Mal erfahren, wie sich ein „Ausländer" in einem fremden Land fühlt. Ich kannte das vorher nicht und war unangenehm überrascht, wie verkehrt ich mir auf einmal vorkam. Zusätzlich versetzte mich die sprachliche Barriere in eine Art Isolation, die allerdings so unerträglich war, dass ich mich mit größtem Ehrgeiz in das Erlernen der neuen Sprache stürzte.

Vielleicht können Sie sich vorstellen, wie fremd Sie sich vorkommen würden, wenn Sie von jetzt auf gleich nach Japan auswandern würden, ohne die Sprache oder die Kultur zu kennen. Genauso kam ich mir damals vor – wie ein Alien auf der Erde. Meine bis dahin stabile Welt brach zusammen und wurde durch eine neue, mir noch sehr fremde, ausgetauscht.

Dieser Veränderungsprozess wird von den meisten Menschen als sehr unangenehm empfunden, weil das eigene kulturell bedingte Selbstüberzeugungssystem infrage gestellt oder sogar umgestürzt wird. Ich musste also in meiner neuen Heimat meine bisherigen Einstellungen und Überzeugungen über vielerlei Dinge einfach aufgeben und durch neue ersetzen, wollte ich ein sozial intaktes Leben in Österreich führen und mich integrieren. Es war unwichtig, ob ich die neuen kulturellen Überzeugungen gut oder schlecht fand. Viel wichtiger war es für mich, existenziell, emotional und sozial zu überleben. Das bedeutete, ich musste so schnell wie möglich mit meinen neuen kulturellen Überzeugungen gute Erfahrungen sammeln, um sie vollständig in mein Selbstüberzeugungssystem integrieren zu können.

Heute weiß ich, dass kulturelle Integration im Grunde eine Integration der neuen kulturellen Überzeugungen ist. Es war am Anfang sehr interessant zu beobachten, wie ich damals formulierte: „Bei uns macht man das so“ oder: „Bei uns spielt das keine Rolle“. Selbstverständlich meinte ich die kulturellen Überzeugungen, die aus meiner Heimat stammten und die in meinem neuen Leben keinen Platz mehr hatten. Interessant war auch, dass mir manche (nicht alle) Überzeugungen aus der alten Heimat nach einigen Jahren komisch und sinnlos vorkamen und ich mich mit ihnen nicht mehr identifizieren konnte.

Mit meiner Auswanderung hat vom ersten Tag an der kulturelle Selbstüberzeugungs- und Integrationsprozess eingesetzt. Mit jedem weiteren Tag setzte er sich fort und war nicht mehr aufzuhalten. Aus einem kroatischen kulturellen Selbstüberzeugungssystem wurde langsam aber sicher ein österreichisches kulturelles Selbstüberzeugungssystem, was sich nicht nur in Sprache zeigte, sondern auch in Gewohnheiten, Gebräuchen, Einstellungen und Verhaltensweisen sichtbar war.

Mein nächster Umzug, diesmal nach Deutschland, verlief weitaus harmonischer, da die Unterschiede zwischen österreichischer und deutscher Kultur nicht mehr so groß waren.

Aus diesen prägenden Erfahrungen heraus bin ich zu der praktischen Erkenntnis gekommen, dass kulturelle und landesspezifische Überzeugungen einen unglaublichen Einfluss auf die persönlichen Überzeugungen haben und aus Überzeugungsprozessen nicht wegzudenken sind.

Vielleicht kennen auch Sie die Geschichten mancher Auswanderer, die sich ein weit schöneres Leben in einem neuen Land versprachen und nach kurzer Zeit in ihre Heimat zurückkehrten, weil sie mit den landesspezifischen Überzeugungen nicht klargekommen sind? Oder haben Sie vielleicht selbst eine Auswanderung hinter sich und kennen die Eigenart fremder Kulturen? Dann haben Sie bereits Ihre Menschenkenntnis gravierend erweitert und erkannt, dass kulturelle Überzeugungen immer ein fester Bestandteil der menschlichen Persönlichkeit sind. Sie müssen anerkannt, respektiert und wertgeschätzt werden, ohne jegliche Wertung, ob sie besser oder schlechter als die der anderen Kulturen sind.

Bevor Sie weiterlesen ...

Bitte nehmen Sie sich kurz Zeit und versuchen Sie folgende Fragen für sich zu beantworten, um sich über Ihre kulturellen Überzeugungen klar zu werden:

- Von welchen kulturellen Überzeugungen wurden Sie geprägt?
- Welche Eigenschaften, die Sie mit vielen anderen Mitbürgern teilen, besitzen Sie als typischer Bürger Ihres Landes?
- Wofür steht Ihr Land? Versuchen Sie drei Eigenschaftswörter dafür zu finden.
- In welchem fremden Land können Sie sich vorstellen zu leben?
- Welche kulturellen Überzeugungen finden Sie in diesem fremden Land interessant und warum?
- Mit welchen kulturellen Überzeugungen würden Sie schwer zurechtkommen und warum?
- Kennen Sie Menschen, die aus einem anderen Land kommen und gemischte kulturelle Überzeugungen haben?
- Wie gut können Sie diese Menschen einschätzen?
- Wie gut können diese Menschen Sie einschätzen?

2.5 Unsere individuelle Wirklichkeit

Aus unseren Überzeugungen entwickeln sich im Laufe der Zeit Werte, die unseren Charakter, unsere Persönlichkeit, unsere Lebenseinstellung und unseren Lebensstil formen. So können manche Überzeugungen zu Lebensprinzipien werden, die so fest und unerschütterlich sind, dass wir alle gegenteiligen Überzeugungen ablehnen und der Meinung sind, unsere Überzeugungen seien die einzig richtigen.

Aus konstruktivistischer Sicht sind Überzeugungen das, was wir als unsere „individuelle Wirklichkeit“ oder unser „Weltbild“ bezeichnen. Auf dieser Basis kreieren wir unseren individuellen Lebensplan, der uns die Orientierung gibt, zu bestimmten Lebensbereichen Stellung zu nehmen und danach zu handeln. Einige Überzeugungen sind so tief und fest in uns verankert, dass wir uns nicht einmal bewusst sind, sie überhaupt zu haben.

Unter der Vielzahl unserer Überzeugungen gibt es grundsätzlich nur einige wenige, die unserem Leben tatsächlichen Sinn und die Orientierung geben. Diese sind meistens mit unseren wichtigsten Lebensbereichen und Bedürfnissen verbunden:

- Gesundheit und Körperlichkeit
- Beziehungs- und Familienleben
- Freunde und soziale Kontakte
- Arbeit und Leistung
- Finanzen und materielle Absicherung
- Hobbys und Freizeit
- Spiritualität und Selbstverwirklichung.

Unsere Überzeugungen in unseren wichtigsten Lebensbereichen haben oft eine **Pro- und Kontra-Seite**, zum Beispiel:

- „Ich bin davon überzeugt, dass Bio-Produkte gesund und Fast-Food-Produkte ungesund sind.“
- „Ich bin davon überzeugt, dass ein guter Schulabschluss eine gute Karriere ermöglicht. Gleichzeitig bin ich davon überzeugt, dass Menschen ohne guten Abschluss selten erfolgreich im Beruf werden.“

- „Ich bin davon überzeugt, dass sportliche Aktivität für das allgemeine Wohlbefinden gut ist. Gleichzeitig bin ich davon überzeugt, dass Menschen, die keinen Sport treiben, kein gutes Körpergefühl haben."

Gerade der Kontrast zwischen „Ich bin dafür" und „Ich bin dagegen" sorgt dafür, dass eine Überzeugung wirklich fest wird.

Manche Überzeugungen haben sehr lange Bestand für uns, und manche verwerfen wir im Laufe des Lebens und ersetzen sie durch neue. Es gibt also Überzeugungen, die auf sehr festen, und manche, die auf sehr wackeligen Füßen stehen. Letztere sind anfälliger für Veränderung. Die felsenfesten Überzeugungen sind so stark in uns verankert, dass wir hier von Werten und Prinzipien sprechen können. Menschen mit sehr festen Überzeugungen und Prinzipien bezeichnen wir dann als werteorientiert und prinzipientreu. In extremen Fällen handelt es sich sogar um sture „Prinzipienreiter", „Sturköpfe" und „Traditionalisten", die mit Sicherheit nicht leicht von neuen Ideen zu überzeugen sind. Diese Menschen halten auch dann an ihren Überzeugungen fest, wenn sie längst nicht mehr aktuell oder sogar hinderlich sind.

Andererseits gibt es Menschen, die eher offen, neugierig und experimentierfreudig sind. Sie zeigen Interesse für Neues und sind bereit, ihre alten Überzeugungen zu korrigieren, wenn sie der Meinung sind, dass es bessere gibt. Mit neuen Erfahrungen und der damit verbundenen Persönlichkeitsentwicklung entwickeln sich auch manche unserer Überzeugungen weiter. Sie werden optimiert, verfeinert, vertieft oder ganz neu gebildet. Allein die Innovationen und der technische Fortschritt um uns herum sorgen dafür, dass wir uns neuen Ideen oder Produkten öffnen und somit neue Überzeugungen bilden oder alte verwerfen.

Beispiel: Internet

Das Thema Internet sorgt bei vielen Menschen für zunehmend wechselhafte Überzeugungen, die anfällig für Veränderungen sind. Beispielsweise: „Internet ist sehr wichtig, weil das Leben dadurch einfacher ist." Aber auch: „Internet ist gefährlich, weil meine Daten nicht mehr sicher sind."

Beide Überzeugungen haben ihre Berechtigung und können nebeneinander bestehen, auch in ein und derselben Person. In diesem Fall sprechen wir von „Ambivalenzen", also von widersprüchlichen Überzeugungen, die für manche inneren Konflikte verantwortlich sind. In der Außenwirkung erweckt dies kurzfristig bei uns selbst oder auch bei anderen den Eindruck, als seien wir uns nicht sicher, was wir wollten. Abhängig von den Erfahrungen, die im weiteren Verlauf gesammelt werden, kann sich aus der Ambivalenz die oben erstgenannte oder die zweite Überzeugung verfestigen und mehr an Bedeutung gewinnen. Eine gezielte Beeinflussung von außen (Überzeugungsarbeit) mit guten Pro- oder Kontra-Argumenten kann gerade in der ambivalenten Phase mit großer Wahrscheinlichkeit von Erfolg gekrönt sein.

Überzeugungen sind also einerseits stabil und andererseits veränderungsfähig, genauso wie unsere Persönlichkeit.

Bevor Sie weiterlesen ...

Bitte nehmen Sie sich kurz Zeit und versuchen Sie folgende Fragen für sich zu beantworten, um sich über Ihre Überzeugungen in den wichtigsten Lebensbereichen klar zu werden:

- Welche Überzeugungen haben Sie in Bezug auf Ihre Gesundheit und Körperlichkeit? Gibt es dazu eine Kontra-Überzeugung?
- Welche Überzeugungen haben Sie in Bezug auf Ihr Beziehungs- und Familienleben? Gibt es dazu eine Kontra-Überzeugung?
- Welche Überzeugungen haben Sie in Bezug auf Ihre Freunde und Ihr Sozialleben? Gibt es dazu eine Kontra-Überzeugung?
- Welche Überzeugungen haben Sie in Bezug auf Ihre Arbeit und Leistung? Gibt es dazu eine Kontra-Überzeugung?
- Welche Überzeugungen haben Sie in Bezug auf Ihre Finanzen und materielle Absicherung? Gibt es dazu eine Kontra-Überzeugung?
- Welche Überzeugungen haben Sie in Bezug auf Ihre Hobbys und Ihre Freizeit? Gibt es dazu eine Kontra-Überzeugung?

- Welche Überzeugungen haben Sie in Bezug auf Ihre Spiritualität und Selbstverwirklichung? Gibt es dazu eine Kontra-Überzeugung?
- Gibt es Lebensbereiche, über die Sie keine festen Überzeugungen haben? Gibt es vielleicht dazu widersprüchliche (ambivalente) Überzeugungen, die Sie verunsichern?
- Gibt es vielleicht Lebensbereiche, für die Sie mit Überzeugung sagen können, dass sie wichtiger sind als andere?
- Welche sind das?
- Aufgrund welcher Überzeugung sind Sie zu diesem Ergebnis gekommen?
- Seit wie vielen Jahren verfolgen Sie Ihre Überzeugungen in den wichtigsten Lebensbereichen? Haben sie sich inzwischen geändert? Wenn ja, wodurch sind die Veränderungen zustande gekommen?

2.6 Emotionale Verstärker

Ob sich eine neue Überzeugung tief in uns verankert, hat etwas mit dem dazu passenden emotionalen Erlebnis zu tun. Je stärker das emotionale Begleiterlebnis, umso tiefer wird die Überzeugung sein, egal, ob es sich um eine positive oder eine negative Emotion handelt. Die Stärke der Emotion ist hier entscheidend. Der berühmte Spruch „Wer sich einmal verbrannt hat, der pustet sogar aufs Kalte" trifft sehr gut, welche wichtige Rolle die Emotionen im Zusammenhang mit unseren Überzeugungen spielen. Aus einer positiven Emotion wird sich eine Pro-Überzeugung ergeben und aus einer negativen Emotion eine Kontra-Überzeugung. Hierzu ein Beispiel.

Beispiel: Tierschutz

Mal angenommen, es gäbe eine Person, die sich in ihrem ganzen Leben noch keine feste Überzeugung zum Thema Tierschutz gebildet hat. Das ändert sich plötzlich, als sie einmal direkt miterlebt, welchen Qualen ein

Straßenhund in China ausgesetzt ist, weil es dort keinen Tierschutz gibt und Hunde beliebig getötet und gegessen werden.

In ihrem Überzeugungssystem haben Werte wie Mitgefühl und Fürsorge eine ganz große Bedeutung. Aus der heftigen Emotion des Ekels und der Wut heraus bildet sich plötzlich eine starke Überzeugung: „Ich finde Tierquälerei furchtbar“ und: „Ich setze mich ab heute aktiv für den Tierschutz ein“.

Stellen Sie sich jetzt vor, dieser Person wird direkt danach angeboten, einen Hundewelpen aufzunehmen, um diesen vor dem sicheren Tod zu retten. Wie, glauben Sie, wird diese Person reagieren? Mit hoher Wahrscheinlichkeit wird sie mit einem Hund im Gepäck aus ihrem China-Urlaub zurückkehren. Vor dem Urlaub hat diese Person möglicherweise noch nicht einmal daran gedacht, sich einen Hund anzuschaffen. Nun aber hat sie eine neue emotionale Überzeugung in ihr Wertesystem integriert und wurde so zur Hundebesitzerin und Tierschützerin.

Auf welche Situationen wir wie reagieren, hängt jedoch auch von unserer psychischen und emotionalen Struktur und von unserer Persönlichkeit ab. Eine andere Person könnte im oben genannten Fall eine komplett andere Überzeugung entwickeln, wie zum Beispiel: „Straßenhunde sind eine zuverlässige und billige Nahrungsquelle, die dazu da ist, um meinen Magen zu füllen.“ Auch wenn Ihnen diese Überzeugung im ersten Moment fremd vorkommt, sie ist durchaus für manche Chinesen völlig selbstverständlich und akzeptabel. Der persönliche und kulturelle Betrachtungsfokus, die dahinter stehende Emotion und persönliche Werteskala sind in beiden Fällen anders, und somit ist auch die daraus entstehende emotionale Überzeugung anders. Was für den einen Lust bedeutet, kann durchaus jemand anderem Leiden verursachen.

Überzeugungen sind also fest mit unseren Emotionen und unserem persönlichen Wertesystem miteinander verknüpft. Je emotionaler wir sind, umso mehr Einfluss haben unsere Überzeugungen auf unser Leben.

Der US-amerikanische Psychologe Paul Ekman und seine Kollegen identifizierten sieben Emotionen, die international und kulturell unabhängig und bei allen Menschen vorhanden sind: **Angst, Wut, Ekel, Freude, Trauer, Verachtung** und **Überraschung**. Sie beeinflussen sehr stark unsere Überzeugungen oder helfen dabei, solche zu bilden.

In oben genanntem Beispiel der neuen Hundebesitzerin vermischten sich drei Emotionen – Ekel, Trauer und Wut –, die zu der neuen Überzeugung führten: „Ich setze mich ab heute aktiv für den Tierschutz ein."

Es folgen noch einige Beispiele dafür, wie unsere Emotionen auf unsere Überzeugungen wirken.

Weitere Beispiele für emotionale Verstärker

Mal angenommen, Sie leiden unter Höhenangst. Es liegt nahe, dass Sie aus der Emotion „Angst" die Überzeugung bilden werden: „Ich setze mich nicht in einen Flieger und fahre lieber mit der Bahn." Oder es gibt ein Thema, das Sie emotional berührt und Sie traurig macht, wie zum Beispiel Hungersnot in Entwicklungsländern. Daraus könnte zum Beispiel die Überzeugung entstehen: „Ich spende für die Dritte Welt."

„Freude" ist ebenso eine sehr starke Emotion, die unsere Überzeugungen verfestigt. Immer dann, wenn wir positive Emotionen verspüren, die dafür sorgen, dass Glückshormone wie Dopamin und Endorphin ausgeschüttet werden, streben wir automatisch nach einer Wiederholung. Mit jeder neuen Wiederholung des Erlebnisses verfestigt sich unsere Überzeugung. Demzufolge ist alles, was uns Spaß macht, automatisch auch überzeugend.

Bevor Sie weiterlesen ...

Bitte nehmen Sie sich kurz Zeit und versuchen Sie folgende Fragen für sich zu beantworten, um sich über Ihre Emotionalität in Verbindung mit Ihren Überzeugungen klar zu werden:

- Welche Überzeugungen verbinden Sie mit den Emotionen „Freude“ und „Überraschung“?
- Welche Situationen vermeiden Sie aus Angst? Welche Überzeugungen haben sich daraus gebildet?
- Wann verspüren Sie Ekel? Wie lautet die passende Überzeugung dazu?
- Gibt es Menschen oder Dinge, die Sie verachten? Formulieren Sie dazu Ihre passende Überzeugung.
- Was macht Sie traurig? Mit welcher Überzeugung verbinden Sie Trauer?
- Worauf sind Sie wütend? Für welche Überzeugungen sind Sie bereit zu kämpfen?

Unsere Selbstüberzeugungen sind also ein fester Bestandteil unserer Persönlichkeit. Alles, was wir tun, ist das Ergebnis unserer Selbstüberzeugungen, bewusst oder unbewusst. Sie sind quasi „mentale Gesetze“, an die wir uns halten und die uns als Individuen voneinander unterscheiden. Einerseits sind sie stabil, wenn sie mit unseren Prägungen und Werten zu tun haben, und andererseits veränderbar, wenn wir uns weiterentwickeln oder neue, meistens bessere Ergebnisse erzielen wollen. Unsere Selbstüberzeugungen haben motivierenden Charakter, weil sie uns antreiben, uns für unsere Ideen einzusetzen. Je klarer uns ist, wofür wir stehen und was für uns wichtig ist, umso mehr werden wir versuchen, auch andere Menschen für diese Überzeugungen zu gewinnen.

3. | Fremdüberzeugung

Wir beeinflussen andere Menschen ununterbrochen – mit allem, was wir tun oder unterlassen. Allein unsere Anwesenheit in einem Raum beeinflusst andere Menschen. Ebenso übt unsere Abwesenheit bei einem wichtigen Termin eine bestimmte Wirkung auf andere Teilnehmer aus.

Wenn wir andere Menschen von etwas überzeugen wollen, dann möchten wir deren Wahrnehmung und Aufmerksamkeit in eine bestimmte Richtung lenken. Ob wir uns unserer Beeinflussungsmacht dabei bewusst sind oder nicht, spielt keine Rolle; allein durch unsere Wirkung oder eben Nicht-Wirkung erzielen wir Ergebnisse. Dabei können wir aus einer Bandbreite an Absichten schöpfen: von eigennützig über partnerschaftlich bis aufopfernd, von gut über gut gemeint bis böse und aus allen Nuancen dazwischen. Die Ergebnisse, die daraus resultieren, sind ebenso unterschiedlich. Eine Beeinflussung kann einen kurzfristigen oder einen langfristigen Erfolg oder Misserfolg verursachen, und sie kann auch ohne bedeutende Ergebnisse verlaufen.

Unsere Entschlossenheit und unsere Motivation, andere von etwas zu überzeugen, leiten uns, uns unterschiedliche Kompetenzen auf verschiedenen Wegen anzueignen: aus Fachliteratur oder Schulungen, aus eigenen Erfahrungen, die als Ergebnisse aus unseren Versuchen und Fehlern hervorgehen, oder durch das Nachahmen anderer Menschen, die in diesem Bereich erfolgreicher sind als wir.

Nur, woher kommt überhaupt unser Bedürfnis, andere Menschen von etwas zu überzeugen?

3.1 Überzeugungskunst ist eine Überlebenskunst

Fakt ist: Mit dem ersten Schrei, den Neugeborene von sich geben und somit zeigen, dass sie sich einen Platz auf der Erde erkämpft haben, beherrschen sie automatisch alle Regeln der Durchsetzungskraft und Überzeugungskunst. Sie zeigen uns deutlich, dass wir sie nicht übersehen dürfen, und verschaffen sich damit unser volles Gehör und unsere Bereitschaft, ihre Wünsche und Bedürfnisse sofort zu befriedigen. Und das ist auch überlebenswichtig, denn Säuglinge sind auf die Fürsorge Erwachsener absolut angewiesen.

Schon mit der Geburt bringt also jeder Mensch die angeborene Fähigkeit mit, seine Umwelt zu beeinflussen und sich durchzusetzen, um zu überleben. Diese Fähigkeit ist möglicherweise die mächtigste persönliche Eigenschaft, die bei jedem Menschen auf der Welt, zumindest zu Beginn seines Lebens, gleich stark ausgeprägt ist. Viele Faktoren wie Erziehung, soziale Rahmenbedingungen, Genetik und das Bildungsniveau bestimmen im weiteren Lebensverlauf die Tendenz, ob sich diese Fähigkeit positiv oder negativ weiterentwickelt.

Babys drängen sich also – wie bereits gesagt – mit einer angeborenen und selbstverständlichen Überzeugungs- und Durchsetzungskraft lautstark in den Mittelpunkt. Ihre Urkommunikation ist absolut unbewusst und sehr stark durch die Grundbedürfnisse geprägt: Nahrung, Wärme, Sauberkeit, Schlaf und Körperkontakt. Schon in sehr frühem Stadium lernen Babys ihre Eltern zu beeinflussen, indem sie sie mit großen Augen anschauen, anlächeln oder bestimmte Geräusche von sich geben. Ebenso lernen sie ihre Eltern zu bestrafen, wenn sie nicht genug Aufmerksamkeit bekommen, die ihnen gemäß ihren Bedürfnissen zusteht. Erwachsene lassen sich auf diese Spielchen ein, auch wenn sie sie durchschauen, weil sie an ihre Kinder emotional stark gebunden sind. Die Hilflosigkeit und die natürliche Autorität eines neugeborenen Kindes zwingen seine Eltern, diese Bedürfnisse bedingungslos zu erfüllen. Im äußersten Fall ordnen sie sogar ihre eigenen Bedürfnisse den Bedürfnissen ihres Kindes unter, um optimale Rahmenbedingungen für sein Leben zu schaffen.

Die Rücksicht und Fürsorge, die wir kleinen, hilflosen Babys automatisch und freiwillig entgegenbringen, verringert sich aber mit der physischen und psychischen Entwicklung eines jeden Individuums. So ändert sich das Überzeugungsspiel mit dem Heranwachsen der Kinder, und es kommt zu kleinen oder großen Machtkämpfen. Eltern und Erziehungsberechtigte wirken immer stärker auf das Kind ein; sie erziehen es. Mehr und mehr Gesetze, Regeln, Gebote und Verbote werden in das Leben des Kindes eingeführt und der paradiesische Zustand des Säuglingsalters findet ein Ende: Die kindliche Beeinflussungsmacht nimmt ab, die von den Eltern ausgeübte Autorität und Überzeugungskunst nehmen zu.

Gleichzeitig lernen die Kinder jedoch, sich immer geschickter für die eigene Sache einzusetzen. Eltern überzeugen in der Regel mit Belohnung und Bestrafung, wodurch die Kinder sehr früh lernen, ihr eigenes Verhalten entsprechend zu steuern. Prinzipiell fokussieren sie sich dabei auf zwei Ziele: unangenehme, Schmerz bereitende Zustände zu meiden und angenehme, Lust bereitende Zustände anzustreben. Denn: Unangenehme Zustände sind Kraft- und Energieräuber, angenehme Zustände hingegen sorgen für Zufriedenheit und einen stärkeren Antrieb.

Die Kinder fangen an, sich ihren Weg zu erkämpfen und ihre eigenen Wünsche zu realisieren. Sie verhandeln und taktieren, sie halten ihre Versprechungen ein oder auch nicht und lernen sowohl intuitiv als auch aus ihrer Erfahrung, die besten Überzeugungstaktiken wiederholt anzuwenden. Ihr Selbstbewusstsein wächst im Laufe der Zeit proportional zu ihrem Durchsetzungsvermögen. Je nachdem, welche Erziehung sie genießen, werden sie auf ihrem Überzeugungsweg mehr oder weniger fair vorgehen. So strapazieren manche Kinder die Nerven ihrer Eltern durch ihre Unbeherrschtheit, und manche sind „zu brav“ und setzen sich zu wenig für ihre Ziele ein, weil sie Angst vor Strafe haben. Im besten Fall werden die Kinder angeleitet, schon im frühen Alter respektvoll und auf eine wertschätzende und sozial akzeptable Art ihre Ziele durch Vereinbarungen zu erreichen.

Im Prozess des Heranwachsens werden Fremdüberzeugungen übernommen, von Eltern und anderen wichtigen Bezugspersonen. Aus diesen werden Grundeinstellungen und Selbstüberzeugungen geboren wie „Gewinnen um jeden Preis“, „Nachgeben um jeden Preis“ und „Verhandeln, sodass beide Seiten zufrieden sind“.

Fakt ist: Unser Überlebensinstinkt – und dieser umfasst physisches, psychisches, finanzielles und auch soziales Überleben – treibt uns bis zum Ende des Lebens an, unsere Überzeugungsfähigkeit permanent zu erweitern und immer effizienter einzusetzen. Zwischen absoluter Durchsetzung, absoluter Unterwerfung und smarter Verhandlung bewegt sich unser Überzeugungsrepertoire.

3.2 Beeinflussungsstrategien aus dem Tierreich

Nicht nur Menschen beeinflussen ihre Umwelt, sondern auch unsere tierischen Verwandten. Aus der Tierwelt gibt es unzählige Beispiele, wie manche Arten sowohl ihre körperlichen Voraussetzungen als auch die Rahmenbedingungen aus der Natur zum eigenen Vorteil nutzen, um leichter an ihre Beute zu kommen oder ihre Konkurrenz im Überlebenskampf auszutricksen. Sie machen das nicht bewusst, sondern handeln instinktiv.

Bei der genauen Beobachtung manches Tierverhaltens können wir verblüffende Ähnlichkeiten zu menschlichem Verhalten feststellen. Diese Parallelen sind nicht überraschend, wissen wir doch, dass einige Teile unseres Gehirns, wie zum Beispiel das Stammhirn, in Struktur und Form seit Millionen von Jahren unverändert geblieben sind.

Beispiel: Beeinflussungsstrategien der Schimpansen

Die naturwissenschaftlichen Studien beweisen, dass es zwischen Menschen und Schimpansen eine genetische Übereinstimmung bis zu 99,4 Prozent gibt. Es ist bekannt, dass Schimpansen nicht nur die gleichen Werkzeuge wie Menschen benutzen, sondern fähig sind, diese bewusst aufzubewahren und zum späteren Zeitpunkt wieder einzusetzen.

Auch die emotionale Komponente der Beeinflussungskraft der Schimpansen ist der menschlichen erstaunlich ähnlich, was mir neulich bei einem Zoo-Besuch sehr bewusst geworden ist. Ich durfte beobachten, wie sich eine junge Äffin versuchte, sich mit allen möglichen emotionalen Tricks die Aufmerksamkeit eines Affen-Babys zu verschaffen, das nicht ihr, sondern einer anderen Affenmutter gehörte. Das kleine Äffchen hing an seiner Mutter fest und die andere Äffin, offensichtlich etwas jünger und noch keine Mutter, versuchte das Baby zum Spielen herauszufordern. Sie klopfte zärtlich dem kleinen Äffchen auf den Rücken, zog ein wenig an seiner Hand und sobald sie die Aufmerksamkeit des kleinen Affenbabys hatte, machte sie Purzelbäume und lustige Bewegungen, in der Hoffnung, dass sich das Baby von der guten Laune anstecken und überzeugen ließ, am Spiel teilzunehmen. Für mich war das ein ganz klarer Überzeugungs- und Beeinflussungsversuch. Ich war so sehr fasziniert von diesem Geschehen, dass ich das ganze Spiel fast eine Stunde aufmerksam beobachtete.

Nicht nur bei unseren nächsten Tierverwandten dürfen wir über smarte Beeinflussungsstrategien staunen, sondern auch bei anderen, weitaus entfernteren Tierarten. Es ist spannend zu beobachten, wie sehr wir aus unserer Evolutionsgeschichte gelernt haben.

Beispiel: Beeinflussungsstrategien eines Chamäleons

Das beste Beispiel für Beeinflussungsstrategien uns nicht ganz so nahestehender Tierarten ist das Chamäleon, genauer: seine Wandlungsfähigkeit. Ein Chamäleon kann seine Körperfarbe passend zur jeweiligen Umgebung wechseln, um sich bei der Jagd oder in bedrohlichen Situationen perfekt zu tarnen. Auch der Mensch hat diese Überlebensstrategie tief in seinem evolutionären Unbewussten gespeichert, denn auch er nutzt die Wandlungsfähigkeit als Erfolgsstrategie.

Betrachten wir dieses Phänomen etwas genauer. Ein guter Schauspieler wird gerade wegen seiner Wandlungsfähigkeit und Vielfältigkeit geschätzt. Bei jeder neuen Filmrolle ändert er als Kunstfigur nicht nur sein Äußeres, sondern auch seinen Charakter, um seine Figur möglichst glaubhaft darstellen zu können und somit sein Publikum zu überzeugen.

Wer das wirklich bravourös meistert, ist der US-amerikanische Schauspieler Tom Hanks. Durch seine chamäleonartige Wandlungsfähigkeit schaffte er es bereits mehrfach, nicht nur ein Millionenpublikum weltweit, sondern auch die hochkarätigen Film-Jurys zu überzeugen. Er bekam bis heute mehrere „Oscars", „Golden Globe Awards" und „British Academy Film Awards" für seine legendären Filme wie „Philadelphia", „Forrest Gump", „Cast Away – Verschollen" oder „Der Soldat James Ryan". Der bisherige Höhepunkt seiner Karriere ist eine Rekordgage von 110 Millionen Dollar für seine Hauptrolle in dem Film „The Da Vinci Code – Sakrileg". Der beste Beweis dafür, dass Wandlungsfähigkeit eine existenzsichere Überlebensstrategie ist.

Beispiel: Die Schwarmintelligenz der Fische

Ein weiteres Beispiel der erfolgreichen Beeinflussungsstrategie aus der Tierwelt ist die faszinierende Schwarmintelligenz der Fische. Kleine Fische sind als einzelne Lebewesen schutzlos und organisieren sich deshalb in großen Schwärmen, sodass sie als Kollektiv viel mächtiger wirken und eine viel größere Abwehrkraft gegenüber Feinden darbieten können. Forscher haben herausgefunden, dass der gesamte Schwarm von nur fünf Prozent der Fische geführt und gelenkt wird.

Auch Menschen folgen diesem Verhalten: Sie organisieren sich in Gemeinschaften, um einer Idee zu folgen. Viele politische Parteien wären absolut macht- und wirkungslos, könnten sie nicht auf eine hohe Anzahl von Mitgliedern zählen. Wie in einem Fischschwarm geht es auch bei politischen Organisationen immer um ein übergeordnetes Ziel: sich durch Stimmenmehrheit gegen andere Parteien überzeugend durchzusetzen und sich somit sowohl die politische Existenzberechtigung als auch die Macht in der Gesellschaft zu sichern. Und wie bei der Schwarmintelligenz setzt sich auch hier das gleiche Überzeugungsprinzip durch: Die große Anzahl von Mitgliedern muss nicht unbedingt genau wissen oder im Einzelnen verstehen, welcher Weg gerade gegangen wird, sondern sich einfach dem Schwarm oder der politischen Gruppendynamik loyal anpassen. So finden sie Schutz und sichern das Überleben in der Gesellschaft.

Schwarmintelligenz hat also absolut positive Aspekte. Allerdings haben mithilfe dieser evolutionsbedingten menschlichen Überlebensstrategie im Laufe unserer Geschichte manche machtorientierten Politiker mit ihrer Beeinflussungskraft nicht nur Gutes auf dieser Erde bewirkt.

Beispiel: Die Netzfangtechnik der Spinne

Während die kleinen Fische am besten in einer Gemeinschaft überleben können, wählen die Spinnen eine ganz andere, einsame Beeinflussungsstrategie, um an ihre Beute zu kommen. Mit ihrer Netz-Fangtechnik machen sie mit dem geringstmöglichen Aufwand reiche Beute. Spinnen jagen nicht, sie lassen ihre Beute über ihr Netz stolpern. Geschickterweise bleiben sie selbst versteckt, um nicht Vögeln oder anderen Tieren zum Opfer zu fallen.

Wie klug diese Strategie ist, können wir in unserem modernen Alltag täglich selbst erleben. Auch wir nutzen ein Netz, das nach dem Vorbild eines Spinnennetzes aufgebaut wurde: das Internet. Ein Leben ohne dieses weltweite Datennetz wäre für uns heute nicht mehr vorstellbar.

Das Internet funktioniert sehr subtil nach dem Prinzip der Bequemlichkeit, die Online-Händler geschickt für sich nutzen: Sie jagen nicht, sondern lassen durch gezielte Marketingstrategien und Werbemaßnahmen Internetbenutzer über ihre Produkte stolpern. Durch die sogenannte Sog-Marketing-Strategie generieren sie ihre milliardenhohen Umsätze. Eine äußerst kraftsparende und effiziente Überlebens- und Überzeugungstechnik, die viele große Konzerne wie Google, Amazon, Ebay, YouTube oder Facebook für sich entdeckt haben.

Wenn wir andere Menschen verstehen und überzeugen wollen, dann dürfen wir nicht bei unserer eigenen Spezies anfangen, denn wir sind

ein evolutionäres Resultat einer unendlich langen Entwicklungsgeschichte. Unsere Kompetenz, mit eigenen Ressourcen innerhalb bestimmter Rahmenbedingungen die Umwelt zu beeinflussen, wird immer noch dominiert von urzeitlichen Instinkten. Letztere haben eine enorme Auswirkung auf unsere Durchsetzungskraft und unsere Überlebensfähigkeit in der Gesellschaft.

3.3 Eine Fremdüberzeugung ist ein aktiver Prozess

Bei der Fremdüberzeugung handelt es sich immer um einen Prozess, in dem wir versuchen, eine oder mehrere Personen für unsere Selbstüberzeugung zu gewinnen oder dafür, sich unserer Idee anzuschließen.

Es wird uns kaum schwerfallen, Menschen zu überzeugen, die ähnliche Selbstüberzeugungen haben wie wir. Die wirkliche Überzeugungsarbeit beginnt in dem Moment, wo es um unterschiedliche Selbstüberzeugungen oder Sichtweisen geht und wo wir den Ehrgeiz entwickeln, die andere Person dennoch als einen aktiven Anhänger unserer Idee neu zu gewinnen. Diese Überzeugungsprozesse finden in allen Bereichen des Lebens statt: im Privaten, wenn wir einen neuen Partner oder neue Freunde finden wollen; bei der Arbeit, wenn wir unsere Mitarbeiter motivieren wollen; im Verkauf, wenn wir neue Kunden gewinnen wollen, oder auch in der Familie, wenn wir unsere Kinder erziehen wollen.

Überall dort, wo Menschen zusammenkommen, finden Überzeugungsprozesse statt. Und dafür müssen sich nicht unbedingt zwei oder mehrere Personen real begegnen, es funktioniert auch über Online- und Offline-Medien wie z.B. Internet, Radio, Fernseher, Zeitschriften oder Bücher.

Die bewusste Absicht, einen Überzeugungsprozess zu beginnen, erkennen wir an der Formulierung: **„Ich möchte jemanden von etwas überzeugen“** oder: **„Ich möchte diese Person für XY gewinnen“**. Bereits die Idee ist der erste strategische Grundstein der Überzeugungsarbeit.

Beispiel: Politische Überzeugungskraft

Politiker bereiten ihre Überzeugungsstrategie für einen Wahlkampf vor und möchten möglichst viele Menschen für ihre Partei gewinnen, insbesondere diejenigen, die bisher noch nicht zu ihren Anhängern zählen. Sie möchten auch ihre Stammwähler behalten – auch dies erfordert eine kontinuierliche Überzeugungsarbeit. Dafür ist nicht nur die Absicht des Überzeugers (des Senders) erforderlich, sondern auch die Bereitschaft und Absicht der anderen Seite, des Empfängers, sich von der Idee überzeugen zu lassen.

Jeder Wähler, der sich für einen Wahlkampf interessiert, Interviews liest, politische Diskussionen in Medien verfolgt oder zu politischen Veranstaltungen geht, ist theoretisch bereit, sich entweder in eine politische Richtung überzeugen zu lassen oder seine eigenen Überzeugungen zu verteidigen. Wer hingegen absolut kein Interesse am politischen Geschehen hat und sich der Einflussnahme bewusst nicht aussetzen will, gehört auch nicht zu den potenziellen Überzeugungskandidaten.

Überzeugung ist eine besondere Form des Kommunikationsprozesses, für den bekanntlich Sender und Empfänger notwendig sind, damit er überhaupt stattfinden kann. Die Bereitschaft, sich von einer Idee oder Sache überzeugen zu lassen, erkennen wir in der Aussage **„Ich möchte mich selbst davon überzeugen (lassen)“**. Überzeugung ist also auch auf der Seite des Empfängers ein aktiver Prozess im Sinne des Zulassens, sich einer Meinung anzuschließen. In diesem Prozess geht es darum, die Einstellungen und Ideen nach Tauglichkeit oder auf einen Nutzen hin zu überprüfen und anschließend zu einer Zustimmung oder zu einer Ablehnung zu kommen, die dann lautet: **„Ich bin zur Überzeugung gekommen, dass …“**

Neben der bewussten Entscheidung, jemanden zu überzeugen, brauchen wir im Überzeugungsprozess zusätzlich eine **kommunikative Überzeugungsstrategie, die der jeweiligen Situation angepasst ist.** Während eine unbefangene Kommunikation dem alleinigen Austausch von Informationen dienen kann, sollte die Überzeugungskommunikation rhetorisch genau überlegt sein: Was wollen Sie erreichen, mit welchen Fakten, Argumenten und Beweisen und durch Anwendung welcher rhetorischen Techniken?

Es ist wichtig, sich bewusst zu sein, mit wem Sie es zu tun haben und auf welchem Niveau Sie jemanden überzeugen müssen. Wollen Sie zum Beispiel einen Universitätsprofessor für ein Projekt gewinnen, werden Sie eine andere Ansprache und andere Argumente wählen müssen, als wenn Sie Ihrer / Ihrem Liebsten einen Heiratsantrag machen möchten. Sowohl die psychologischen und individuellen Eigenschaften des Gesprächspartners als auch die äußeren Rahmenbedingungen bestimmen Ihre kommunikative Überzeugungsstrategie: **„Ich weiß, wie du tickst und wie ich dich für mich gewinnen kann."**

3.4 Die Fremdüberzeugungsformel

Eine Fremdüberzeugungsformel könnte für einen Überzeugungsprozess demnach so formuliert werden:

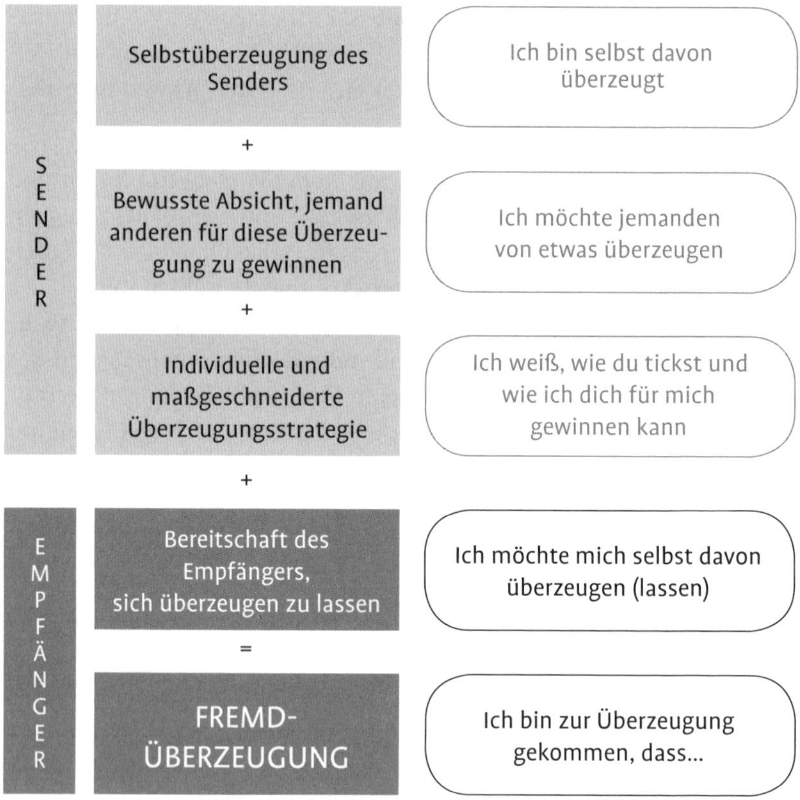

Abbildung 2: Fremdüberzeugungsformel

3.5 Die inneren Eitelkeiten

Wenn wir das Wort **Überzeugung** wortwörtlich nehmen, dann haben wir es mit zwei Wörtern zu tun: mit **„über“** und **„Zeuge“**. Frei interpretiert bedeutet das, dass wir uns mit einem „Zeugen“ auseinandersetzen oder über einen „Zeugen“ hinwegsetzen müssen, um in einem Überzeugungsprozess etwas zu erreichen. Nur – wer ist denn dieser „Zeuge“, der bei der Überzeugungsarbeit mitspielt?

Der „innere Zeuge“ ist der unsichtbare Filter, der uns wach und aufmerksam hält und befähigt, Informationen bewusst zu bearbeiten. Es ist unser klarer und kritischer Verstand, der allerdings sehr stark mit unseren Emotionen verbunden ist. Im überzeugungspsychologischen Sinne filtert dieser Zeuge sehr sensibel, welche Ideen zu uns passen oder was uns fremd ist. Das Passende wird emotional positiv bewertet und durchgelassen und dem Fremden wird der Einzug zuerst einmal verwehrt.

Da wir uns als Individuen von anderen Menschen insbesondere durch unser einzigartiges Selbstüberzeugungssystem unterscheiden, möchten wir unsere Individualität vor psychischen Übergriffen schützen. Alles, was unser Selbstüberzeugungssystem infrage stellt, wird von uns als Bedrohung empfunden. Deshalb schalten wir einen unsichtbaren Filter ein, eine Art innere „Security“, die sich mit Einwänden, Vorwänden und anderen Abwehrreaktionen gegen Fremdüberzeugungen sowohl rational als auch emotional wehrt.

Dieser „innere Zeuge“ ist niemand Geringerer als unsere persönliche und individuelle Eitelkeit, die zwischen unseren eigenen und fremden Überzeugungen steht. Die meisten Menschen verstehen unter „Eitelkeit“ die Selbstverliebtheit, den Stolz oder die Selbstzufriedenheit mit dem persönlichen Erscheinungsbild. Die Eitelkeit im geistig-emotionalen Sinne, also im Sinne der Selbstüberzeugung, meint aber eine innere Haltung, mit der wir unsere lieb gewonnenen Gedanken, Glaubenssätze und Ideale verteidigen. Sie schützt unsere persönlichen Überzeugungen vor Angriffen anderer, die möglicherweise versuchen, sie umzuwerfen, ihnen eine andere Richtung zu geben oder sie zumindest infrage zu stellen. Wahrscheinlich fallen Ihnen dazu auch Diskussionen mit Freunden oder Partnern ein, die Sie in bestimmten Situationen „bekehren“ wollten. Je mehr jemand versucht, uns unsere Überzeugungen auszureden, oder uns dazu bewegen will, sie zu ignorieren, umso mehr werden wir sie verteidigen. Die inneren Eitelkeiten gehören zu unserer Person ebenso wie unser Körper und unsere einzigartigen Verhaltensweisen. Schließlich ist jeder Mensch auf seine ganz eigene Art eitel, denn unterschiedliche Charaktere und Persönlichkeitstypen leben ihre jeweiligen Eitelkeiten ganz anders aus.

Das tiefe Bedürfnis, sich über die Eitelkeit von anderen Menschen abzugrenzen, hat der Individualpsychologe Alfred Adler bereits 1927 in seinem Werk „Menschenkenntnis“[3] sehr treffend beschrieben:

> „Man kann sagen, bei jedem Menschen ist die Eitelkeit, und sei es auch nur in Spuren, vorhanden. Und da es nicht imponiert, wenn einer seine Eitelkeit ganz offen zur Schau trägt, ist sie meist gut verdeckt und nimmt die verschiedensten Formen an. Man kann auch bei einer gewissen Bescheidenheit eitel sein. Ein Mensch kann so eitel sein, dass ihm entweder am Urteil der andern gar nichts gelegen ist oder dass er gierig danach hascht und es zu seinen Gunsten zu wenden sucht. [...] Menschen werden stets eine privilegierte Stellung suchen, sie werden etwas abseits stehen und beobachten, misstrauisch und geneigt sein, den Mitmenschen als Feind anzusehen. Sie werden eine Abwehr-, eine Kampfstellung einnehmen. Oft findet man sie in Zweifel verstrickt, mit tiefsinnigen Überlegungen, die ganz logisch anmuten, bei denen sie recht zu haben scheinen. [...] Es steckt aber nichts anderes dahinter als der Versuch, sich als ein besonders exklusiver Mensch zu fühlen, der anders ist als die anderen [...] und so sehr prädestiniert, dass er eigentlich eines Privilegs teilhaftig werden müsste. Der Anspruch auf ein Privileg ist es auch, der ihm die Richtung gibt, seine Handlungsweise leitet und seine Ausdrucksformen bestimmt.“

Unsere Eitelkeit, die unsere Selbstüberzeugungen schützt, kann also verschiedene Formen annehmen. Um jemanden wirklich zu überzeugen, sollten wir niemals versuchen, die Eitelkeit der anderen Person zu kränken. Je mehr wir die Eitelkeit eines anderen Menschen ignorieren, umso heftigere Abwehrreaktionen werden wir erleben.

Beispiel: Eitelkeit

Wenn jemand zum Beispiel sehr hohen Wert auf Statussymbole wie eine teure Uhr, teure Kleidung, schnelles Auto oder exklusive Büroräumlichkeiten legt, dann zeigt er das sehr deutlich. Möchten wir diesen Menschen für uns gewinnen, ist es außerordentlich kontraproduktiv, diese Eitelkeit zu ignorieren oder sogar zu belächeln.

---

3 Adler, A. (2008): Menschenkenntnis, S. 167 ff.

Viel sinnvoller ist es, die Eitelkeiten der anderen zu erkennen, zu würdigen und zu akzeptieren – wenn wir mit ihnen zusammenarbeiten möchten. Wenn sie nicht in unser Wertesystem passen, müssen wir diese Eitelkeiten nicht unterstützen oder befürworten. Wir sollten sie aber auch nicht für falsch oder verwerflich halten, sondern einfach registrieren, dass diese Eitelkeiten zu diesen Menschen gehören. Die Empathie, die Toleranz und die Akzeptanz, die von uns in solchen Momenten gefordert werden, sind genau die Fähigkeiten, die wir im Umgang mit Menschen brauchen, um sie in einem Überzeugungsprozess für uns zu gewinnen.

Eine Überzeugungsarbeit sollte daher niemals eine Bekehrung sein, sondern vielmehr eine Kunst, Menschen in ihrer individuellen Art zu respektieren und sie für sich zu gewinnen.

Eine neue Überzeugung kann erst dann integriert werden, wenn das bereits vorhandene Eitelkeitssystem akzeptiert wird und die neue Überzeugung annähernd in dieses System passt. Wenn wir bei o.g. Beispiel bleiben, können wir davon ausgehen, dass der Mensch, der sich gerne mit Statussymbolen umgibt, eher für eine Überzeugung offen sein wird, die diese Eitelkeit bestätigt, als für eine, die sie infrage stellt.

Kenntnisse über die grundlegenden menschlichen Bedürfnisse und Motivatoren helfen uns, mit menschlichen Eitelkeiten in Überzeugungsprozessen sinnvoll umzugehen. Im Kapitel „Motivationspsychologie und Überzeugung“ werden Sie mehr zu diesem Thema erfahren.

3.6 Grundlagen eines fairen Fremdüberzeugungsprozesses

Kennen Sie das Zitat von Napoleon Bonaparte „Im Krieg und in der Liebe ist alles erlaubt“? Diese Aussage übertragen manche Menschen gerne auf ihre Überzeugungskünste, denn geschriebene Gesetze gibt es hier keine. Ob Sie also jemanden überreden, manipulieren, betrügen, belügen oder ehrlich überzeugen wollen, liegt alleine in Ihrem persönlichen Ermessen. Ob die überzeugte Person aus dem Überzeugungsprozess Vor- oder Nachteile erlitten hat, das lässt sich erst später, wenn die Ergebnisse und Resultate der Überzeugungsarbeit vorliegen, feststellen.

Es ist ein gravierender Unterschied, ob Sie fair vorgehen und bereit sind, sich auf Augenhöhe mit einem Gesprächspartner auseinanderzusetzen und den „inneren Zeugen" fair ins Boot zu holen oder ob Sie sich der unterschiedlichsten Tricks bedienen und versuchen, den „inneren Zeugen" des Partners abzuschalten.

In einem Überzeugungsprozess zwischen zwei gleichberechtigten Partnern werden die Aussagen auf Fakten, Argumente, Plausibilität und Glaubwürdigkeit überprüft. Hier ist der „innere Zeuge" wach und beobachtet das Geschehen. Bei subtilen, unbewussten Beeinflussungsversuchen, die sich auch mancher Hypnose- oder Trancetechniken bedienen, wird vor allem versucht, diesen wachen „inneren Zeugen" außer Kraft zu setzen oder zu betäuben und direkt im Unterbewusstsein Veränderungen vorzunehmen. Hypnosetechniken, die ursprünglich zu medizinischen und Heilzwecken entwickelt wurden, können neben ihrer unbestritten positiven Wirkung in einem Überzeugungsprozess auch missbräuchlich eingesetzt werden.

Beispiel: Mit Hypnosetechniken unbewusst beeinflussen

Im Zuge der Recherche für dieses Buch musste ich feststellen, dass man auf dubiosen Websites für nur wenige Euro Unterlagen zu hypnotischen Manipulationstechniken anfordern kann. Diese beinhalten Anleitungen, wie man Mädchen mithilfe von Hypnosetechniken schnell ins Bett bekommen soll oder mittels der Verkaufshypnose „jeden überzeugen" kann.

Ich war entsetzt, als ich das lesen musste, denn ich kenne und schätze Hypnose als eine sehr wirkungsvolle und segensreiche Methode in der

Medizin und Psychotherapie. Allerdings kann jedes wirkungsvolle Instrument, wenn es denn in die falschen Hände gelangt, auch Schaden anrichten. Mit einem Messer kann man Brot schneiden – oder einen Menschen töten.

Auf gesunde Menschen werden die beschriebenen Angebote selten verlockend wirken und sie werden kaum in Versuchung kommen, sich dieser manipulativen Techniken zu bedienen, weil sie es nicht nötig haben. Und auch deshalb nicht, weil sie wissen, dass sie damit anderen Schaden zufügen können. Allerdings gibt es auch sehr labile Menschen, die sich ihrer Verantwortung nicht bewusst sind, und auch solche, die psychopathologische und krankhafte Züge aufweisen. Für diese sind solche „verheißungsvollen" Techniken geradezu ein gefundenes Fressen. Sie sehen darin eine Möglichkeit, ihr angeknackstes Ego aufzupolieren.

Fairness, soziale Verantwortung, Menschlichkeit, Ethik und Moral sind erstrebenswerte Eigenschaften eines psychisch gesunden Menschen, die insbesondere beim Durchsetzen eigener Ideen und Ziele auf die Probe gestellt werden.

Menschen, die einen hohen Machttrieb gepaart mit extremem Ehrgeiz haben, werden nicht zögern, sich das zu holen, was ihnen vermeintlich zusteht. Auch Menschen, die sich selbst stets als Sieger betrachten, werden eher bereit sein, sich mancher unfairen Mittel zu bedienen, um schneller an ihr Ziel zu kommen als ihre Mitbewerber.

Manchmal sind die Übergänge zwischen einem gesunden und einem krankhaften Ehrgeiz fließend. Insbesondere im Business, wenn es um viel Geld und Macht geht, werden oft moralisch-ethische Grenzen überschritten.

Beispiel: Weltwirtschaftskrise im Jahr 2007

Wirtschaftskriminalität ist kein Kavaliersdelikt, sondern hat gravierende Folgen für Tausende von Menschen, wie wir es zum Beispiel bei der letzten Weltwirtschaftskrise im Jahr 2007 erleben konnten. Diese Krise ist letztendlich durch eine Immobilienpreis-Blase entstanden oder, besser gesagt, durch den Einsatz geschickter Banker, die eine unglaubliche Anzahl an Menschen überzeugen konnten, einen Kredit zu sehr günstigen Konditionen aufzunehmen, den sie bald durch den Zinsanstieg nicht mehr zurückzahlen konnten.

Den Bankern war die Entwicklung von Anfang an klar gewesen, den schlecht informierten Kunden beim Abschluss des Kreditvertrages eher nicht. War das eine vorsätzliche Täuschung, eine Manipulation, eine Überredung, eine Überzeugung oder eine kriminelle Handlung? Egal wie die Antwort ausfallen mag – das Endergebnis war nicht das, was am Anfang versprochen wurde. Noch schlimmer – unter den Auswirkungen haben viele unschuldige Menschen noch jahrelang zu leiden gehabt. Macht, Geldgier und ein fehlendes Gewissen haben zum damaligen Zeitpunkt in Überzeugungsprozessen bei der Kreditvergabe eine wichtige Rolle gespielt, da können wir uns sicher sein.

Nicht nur im Business, auch im privaten Bereich gibt es viele Lügner, Betrüger und Trickser, die alle möglichen Verführungs- und Manipulationstechniken beherrschen, um an fremdes Geld zu kommen, wie zum Beispiel Heiratsschwindler oder Verkäufer, die sarkastisch als „Drücker" bezeichnet werden und nach dem Motto „Anhauen, umhauen, abhauen" arbeiten. „Drücker" an der „Front" werden zudem oft selbst manipuliert, von Hintermännern, die von sich selbst bestimmt nicht sagen, dass sie manipulativ sind. Sie halten sich vielmehr für besonders überzeugend.

Es ist mir ein großes Anliegen, Sie dafür zu sensibilisieren, dass es keine Regeln bei der Überzeugungsarbeit gibt. Sie werden ausschließlich von Menschen gemacht, die ihre Ziele verfolgen. Das können faire Geschäftspartner sein, aber auch Betrüger. Entscheidend sind jeweils die Absicht und das moralische Gewissen der Person, die einen Überzeugungsprozess anleitet. Wer Menschen wirklich verstehen will, muss auch bereit sein zu akzeptieren, dass nicht jeder, der ein freundliches Lächeln hat, es unbedingt gut mit uns meint.

Die Grundstufen einer fairen Überzeugungsarbeit

Wenn Sie jemanden fair und partnerschaftlich von Ihrer Idee, Ihrem Produkt oder von einem gemeinsamen Ziel überzeugen wollen, dann sollten Sie auf die folgenden moralisch-ethischen Faktoren besonderen Wert legen:

- Ihr Interesse an anderen Menschen ist echt und nicht vorgespielt. Sie sind sich der Tatsache bewusst, dass Sie eine soziale Verantwortung tragen und anderen Menschen nicht absichtlich schaden dürfen.
- Sie verfolgen die ehrliche Absicht, anderen Menschen etwas Gutes zu tun, und möchten mit Ihrer Idee einen echten Nutzen und Mehrwert anbieten.
- Sie sind bereit, Ihre Absichten und die Vor- und Nachteile Ihrer Idee offenzulegen, ohne relevante Informationen zu verschweigen. Sie machen auch keine leeren Versprechungen, die Sie nicht halten können.
- Sie sind sowohl zielstrebig als auch kompromissbereit und respektieren die Grenzen Ihres Gegenübers.
- Sie betrachten Überzeugungsarbeit als einen Prozess, der erst abgeschlossen ist, wenn endgültige Ergebnisse vorliegen. Zudem verfügen Sie über das nötige Rückgrat, bei abweichenden Ergebnissen nach einer Lösung zu suchen.
- Vertrauen und Glaubwürdigkeit sind für Sie keine reinen Werkzeuge, die Sie anderen vorgaukeln, um Ihre Ziele zu erreichen. Für Sie sind beide hohe Werte und Selbstüberzeugungen, die Sie verinnerlicht haben, weil Sie an Wachstum und positiver Entwicklung sowohl für sich selbst als auch für andere Menschen interessiert sind.
- Sie können sich in die Gefühlslage anderer Menschen hineinversetzen und sowohl Freude als auch Schmerz und Trauer nachempfinden.
- Sie benutzen Ihre Menschenkenntnis, um langfristige und aufgeschlossene Beziehungen zu anderen Menschen aufzubauen, und nicht, um sie zu dominieren oder zu manipulieren.

4. Überzeugen versus Überreden

Gleich vorweg: Überreden und Überzeugen haben nichts oder sehr wenig gemeinsam!

Überzeugung

Um jemanden zu überzeugen, bedarf es auf beiden Seiten eines Austauschs auf Augenhöhe, einer partnerschaftlichen Einstellung und des Bewusstseins über die Bedürfnisse und Wünsche auch des anderen.

Die Entscheidungsmacht ist gleichmäßig verteilt und beide Partner können faktische und emotionale Argumente überprüfen und somit eine Entscheidung aus einer *inneren* Überzeugung heraus treffen. Der innere „Zeuge" wird weder betäubt noch ausgeschaltet, sondern darf jederzeit zurate gezogen werden.

Überredung

Um jemanden zu überreden, bedarf es auf der einen Seite Dominanz und Selbstsicherheit und auf der anderen Unterwürfigkeit und Unsicherheit. Auf der schwächeren Seite kann sich der innere „Zeuge" aus unterschiedlichen Gründen keine volle Geltung verschaffen. In einer Überredungssituation haben wir es also mit einer unausgeglichenen Machtverteilung zu tun, was allerdings nicht immer einen negativen Ausgang haben muss.

Ganz häufig zeigt sich in einer Überredung mangelnde Wertschätzung. Im besten Fall ist die Überredung eine Vorstufe der Überzeugung, kann aber schlimmstenfalls auch bis hin zu Betrug und Enttäuschung führen.

Nun, was bedeutet das genau?

4.1 Überredung durch Wissensmacht

Nicht jede Überredung ist zwangsläufig negativ. Manchmal überlassen wir freiwillig die Entscheidung einem stärkeren Partner, weil wir uns einer Sache nicht sicher sind oder eine Überzeugung haben, die sich als falsch erweist und uns nicht guttut.

Expertenwissen

Ein typisches Beispiel für solche Situationen ergibt sich aus der Zusammenarbeit mit einem Experten, der uns auf seinem Fachgebiet weit überlegen ist. Auf den Rat des Experten zu zählen ist oft sinnvoll, denn sich selbst das Expertenwissen anzueignen würde viel Zeit in Anspruch nehmen oder dürfte oft praktisch kaum möglich sein. So geben wir auf bestimmten Gebieten zeitweise freiwillig unsere Entscheidungsmacht ab und überlassen die Führung jemand anderem. Wir vertrauen auf seine Expertise und hoffen, dass das für uns von Vorteil ist, auch wenn wir selbst vielleicht in der Sache (zunächst) eine etwas andere Überzeugung haben.

Beispiel: Überredung durch einen Experten

Nehmen wir als Beispiel einen Zahnarztbesuch. Statistisch gesehen gehen die meisten Menschen, so wie Sie und ich, ungern zum Zahnarzt, weil sie bereits schmerzhafte Erfahrungen gemacht haben und eine Zahnbehandlung häufig unangenehm ist. Wenn wir dennoch gehen müssen, sind die meisten von uns bereit, das zu tun, was der Zahnarzt verlangt, und nicht das, wovon wir selbst überzeugt sind.

So kann es sein, dass wir plötzlich einer Zahnbehandlung zustimmen, weil wir in diesem Moment keine andere Wahl haben oder die Alternativen aus mangelndem Expertenwissen nicht kennen. Wenn uns der

Zahnarzt nun rät, zwei Zähne auf einmal zu ziehen, und er die Notwendigkeit dieses Eingriffs plausibel begründen kann, stimmen wir ihm vermutlich zu, selbst wenn wir innerlich nicht ganz davon überzeugt sind. Wir überlassen die Entscheidung dem Experten in der Hoffnung (also nicht Überzeugung), dass das für uns das Beste ist. Uns ist klar, dass wir selbst die Situation nicht realistisch einschätzen können und nicht wissen, was hier angebracht ist. Deshalb lassen wir uns vom Zahnarzt überreden.

Überall da, wo unser eigenes Wissen an seine Grenzen stößt, ist es sinnvoll, auf den Rat eines Experten zu hören, wenn eine Entscheidung ansteht. Das kann der Rat eines Fachmanns, eines Technikers, eines Mentors oder eines Vorgesetzten sein. Das kann manchmal bedeuten, dass wir uns selbst in der unterlegenen Position sehen und auch Entscheidungen treffen, von denen wir nicht sofort und nicht unbedingt überzeugt sind.

Wenn die faktische Argumentation und die komplexen Zusammenhänge für uns schwer zu durchschauen sind und wenn es die Zeit zulässt, dann haben wir die Möglichkeit, mehrere Expertenmeinungen einzuholen. Letztendlich werden wir aber auf unser Bauchgefühl hören und dem Experten vertrauen, der uns am glaubwürdigsten erscheint.

Wenn es darum geht, unsere Entscheidungskompetenz in die Hände von jemand anderem zu geben, ist große Vorsicht geboten, denn ein guter Rat ist teuer und ein schlechter womöglich noch teurer. Dies gilt besonders bei langfristigen Folgen. Auf den Rat einer überlegenen Person angewiesen zu sein ist heikel. Dasselbe gilt aber auch für den überlegenen Partner oder Experten. Er muss seine Rolle professionell *aus*führen und darf sich nicht von seiner Überlegenheit *ver*führen lassen.

Hierzu gibt es einige **Regeln**, die es Ihnen erleichtern, in solchen Situationen souverän zu bleiben, ohne Angst, eine falsche Entscheidung zu treffen:

- Ein Experte hat immer eine fachliche Macht über denjenigen, der sich ratsuchend an ihn wendet. Diese Macht darf er natürlich nicht missbrauchen. Als Ratsuchender sollten Sie deshalb nicht nur auf Fachwissen achten, sondern auch auf die menschliche Komponente. Wie geht Ihr Gegenüber mit jemandem um, der verunsichert ist und Orientierung braucht? Der Experte sollte mit seiner **wertschätzenden Art** punkten; seine **positive Absicht** muss spürbar sein.

- Ein Experte sollte mit entsprechenden Qualifikationen, Erfahrung und Referenzen seine Expertise nachweisen können. Fehlen Nachweise hierfür, seien Sie sehr vorsichtig und lassen Sie sich nicht unter Druck setzen. Eine professionelle Webseite oder gute Bewertungen im Internet können Sie sehr stark beeinflussen, entsprechen jedoch manchmal einfach nicht der Wahrheit. Setzen Sie lieber auf echte **Referenzen und Empfehlungen von Menschen, die Sie persönlich gut kennen.**
- Wenn Sie sich hinsichtlich des Expertenrats unsicher sind, sollten Sie sich nach Möglichkeit mindestens **zwei oder mehrere Vergleichsangebote** zukommen lassen, um einen besseren Überblick über Ihre Sachlage zu haben. Auch wenn der Entscheidungsprozess dadurch länger dauert, sollte es Ihnen das wert sein, damit Sie sich später keine unnötigen Vorwürfe machen. Letztendlich sind Sie die letzte Instanz, die entscheidet, was zu tun ist.
- Ob Ihre Entscheidung richtig oder falsch war, können Sie meistens erst ganz zum Schluss erkennen, wenn die endgültigen Resultate vorliegen. Kommt es zu den **positiven Ergebnissen**, die Sie sich durch den Rat des Experten erhofft haben, werden Sie aus dem Zustand der Hoffnung und des Glaubens in einen Zustand des Überzeugt-Seins wechseln. Danach sind Sie vermutlich bereit, auch ein weiteres Mal die Meinung dieses Experten einzuholen, und Sie werden ihn womöglich weiterempfehlen. Die ursprüngliche Überredungssituation – von positiven Absichten getragen – hat sich als Brücke zum Überzeugt-Sein erwiesen.
- Wenn Sie selbst der Experte sind und wissen, dass Sie die Entscheidung Ihres Gesprächspartners bewusst steuern, dann denken Sie langfristig und seien Sie sich Ihrer Verantwortung bewusst. Falsche Versprechungen machen Sie unglaubwürdig und fügen dem anderen Schaden zu. Letztendlich können Sie für irreführende Ratschläge und falsche Versprechungen auch rechtlich belangt werden. Nicht

nur Ihre Expertise und Ihre Menschlichkeit, sondern vor allem Ihr guter Ruf und die persönlichen Empfehlungen sorgen für Ihre starke, unerschütterliche und langfristige Überzeugungskraft.

4.2 Überredung durch emotionale Macht

Menschen treffen Entscheidungen, um Angst zu vermeiden oder Lust zu gewinnen. Und wenn es schnell gehen muss, dann sind sie bereit, sich überreden zu lassen, auch von den Menschen, die ansonsten nicht unbedingt vertrauenswürdig sind. Die emotionale Komponente spielt hier also die entscheidende Rolle.

Überredung in Notlagen oder Angstsituationen

Eine Steigerung der nicht so gut gemeinten Überredung finden wir in Situationen, wo eine Notlage oder eine Angstsituation absichtlich kreiert und zu unserem Nachteil ausgenutzt wird. Das Spiel mit Angst und Schuldgefühlen ist eine alte Beeinflussungsmethode, um Menschen „klein" zu kriegen, zu verunsichern und dadurch eine Zustimmung zu erzwingen. Hierbei geht es nicht (oder sehr selten) um Todesangst, sondern vielmehr um die Angst, etwas Wertvolles oder Bedeutendes zu verlieren.

Eine offengelegte oder subtile Bedrohung lähmt den inneren „Zeugen" und unseren klaren Verstand. Die Sachlichkeit rutscht in den Hintergrund und leichte Panik macht sich breit. Typischerweise sehen wir in solchen Situationen nur eine einzige Wahlmöglichkeit und allenfalls eine „Scheinalternative", die für uns nicht infrage kommt. Solche Situationen gleichen einem Ultimatum, einer emotionalen Erpressung oder einer Nötigung, der wir uns aus emotionalen Gründen nicht entziehen können.

Beispiele für emotionale Überredung

Im **Privatleben** spielen oft Partner mit emotionalen Erpressungen oder Überredungsversuchen, um ihre Ziele und Entscheidungen durchzusetzen. Sie erkennen solche Situationen an Sätzen wie:

- „Ich habe ganz fest mit dir gerechnet. Wenn du mich jetzt sitzen lässt, dann bin ich wirklich enttäuscht. Ich hätte besser auf meine Mutter hören sollen, die sagte, man kann sich auf einen Mann nie wirklich verlassen."
  Oder:
- „Entweder du besorgst dir einen neuen Job oder ich verlasse dich."

Im **Berufsleben** lassen wir uns ebenfalls in Situationen überreden, wenn der emotionale Druck groß wird:

- „Herr Müller, ich würde mir wünschen, dass Sie sich um den Fall XY demnächst kümmern. Ich weiß, der Fall ist nicht ganz einfach und Sie haben ohnehin viel zu tun. Sie können es auch ablehnen, allerdings wäre ich dann sehr enttäuscht von Ihnen, da wir uns weitere Schwierigkeiten hier nicht mehr leisten dürfen."

Als gutes Beispiel dienen auch die **Verkaufsargumente** verschiedener Dienstleistungsanbieter, die gerne mit Angst, Katastrophengedanken und Druck spielen, wie z.B. manche Versicherungsunternehmen:

„Herr Mayer, so wie es jetzt aussieht, sind Sie in der Zukunft von der Altersarmut wahrscheinlich hochgradig betroffen. Mit jedem weiteren Tag, an dem Sie nichts für Ihre Zukunft tun, verlieren Sie wertvolle Zeit und Geld. Ich glaube nicht, dass Sie sich das für Ihren Lebensabend wünschen."

Überredung unter Zeitdruck

Sehr oft werden wir vor Entscheidungen gestellt, die (angeblich) sofort getroffen werden müssen. Durch die zeitliche Limitierung erhöht sich der Druck, was wiederum Stress verursacht, den viele Menschen nicht aushalten können. Entweder jetzt oder nie! Entweder jetzt oder du hast mit schlimmen Folgen zu rechnen! Entweder du ergreifst hier die Chance oder ein anderer tut es.

Ebenso wie eine übersteigerte Angst kann auch eine zu große Vorteilsgier uns kurzfristig blind machen. Wir treffen dann Entscheidungen, die wir in einem emotional ausgeglichenen Zustand nicht treffen würden. Wir lassen uns verführen und überreden, weil wir mit schnellen und kurzfristigen Vorteilen rechnen.

Gerade in Zeiten des Online-Marketings stolpern wir überall im Internet über bombastische und vielversprechende Angebote, die uns schnellen Erfolg, schnelles Geld, schnelle Genesung oder auch schnelle Faltenreduzierung versprechen. Diese Angebote zielen auf unsere Ungeduld und unsere Gier ab. Sie versprechen einen Vorteil, quasi „über Nacht", und lähmen unseren klaren Verstand. Die Vorfreude ist größer als die Vernunft, doch spätestens wenn wir viel Geld umsonst bezahlt haben und die erwarteten Ergebnisse ausbleiben, stellen wir fest, dass wir uns zu einem Fake-Angebot haben überreden lassen. Es wäre wohl sinnvoller gewesen, sich mehr Zeit für die Entscheidung zu nehmen.

Der kritische Verstand, oder der innere „Zeuge", durfte in unserer Euphorie wieder einmal nicht zu Wort kommen. Die altbewährte Gewohnheit, „eine Nacht darüber zu schlafen", ist möglicherweise der beste Selbstschutz vor verlockenden Angeboten.

Überredung durch die Angst, eine Gelegenheit zu verpassen

Wenn unsere Ängste und auch unseren Hoffnungen auf einen kurzfristigen schnellen Vorteil unsere Entscheidungen zu stark beeinflussen, übersehen wir häufig die negativen Folgen, die sich langfristig zeigen können. Dafür sind wir – unseren Emotionen komplett ausgeliefert – vorübergehend blind. Wie eine solche Situation aussehen kann, erfahren Sie im folgenden Beispiel.

Beispiel: Überredung im Bewerbungsgespräch

Stellen Sie sich eine Bewerbungssituation vor. Der Bewerber hat sich bisher auf viele verschiedenen Stellen beworben, aber ohne Erfolg. Er wurde zwar zu manchem Bewerbungsgespräch eingeladen, erhielt aber aus unterschiedlichsten Gründen immer wieder Absagen.

Sie können sich vielleicht vorstellen, dass bereits nach wenigen Absagen sein Selbstbewusstsein und Selbstwertgefühl gesunken sind und sich Unsicherheitsgefühle breitgemacht haben: „Bin ich überhaupt gut genug, sind andere möglicherweise so viel besser als ich?“ Diese Fragen sind möglicherweise nicht berechtigt, denn manchmal dauert es halt seine Zeit, bis man den passenden Job gefunden hat. Wie dem auch sei: Unserem Bewerbungskandidaten geht es zunehmend schlechter und in das nächste Bewerbungsgespräch geht er fast schon mit einem Versagensgefühl. Insgeheim befürchtet er, wieder eine Absage zu kassieren.

Überraschenderweise verläuft das Gespräch besser als gedacht und ihm wird ein Vertrag angeboten. Die Konditionen darin entsprechen aber bei Weitem nicht seiner Vorstellung. Aus Angst, auch hier eine Absage kassieren zu müssen und wieder ohne Job nach Hause gehen zu müssen, stimmt er den angebotenen Konditionen zu. Er lässt sich also überreden und unterschreibt den angebotenen Vertrag.

Diese unterwürfige Rolle, die er einnimmt, ist seiner emotionalen Unsicherheit geschuldet. Einerseits hat er Angst, auch diese Stelle zu „verlieren“, und andererseits ist da die Vorfreude, endlich seiner Verzweiflung ein Ende zu setzen. Deshalb hat er nicht einmal versucht, die Konditionen zu verhandeln. Die Kehrseite der Medaille: Auch das Unternehmen hat so keine Möglichkeit, ihn von dem Angebot zu überzeugen. Die Aussicht auf einen schnellen Erfolg lässt unseren Bewerber also eine Entscheidung treffen, die langfristig nicht unbedingt zu seinem Vorteil sein wird.

Auch hier erkennen Sie nochmals das Zusammenspiel: Die Rollen der Dominanz und der Unterwürfigkeit bedingen sich emotional gegenseitig und ermöglichen eine Überredungssituation.

Hier noch einmal zusammengefasst die „typischen“ emotionalen Gründe, aus denen wir uns oft überreden lassen:

- Wir haben Angst, etwas Wertvolles zu verlieren.
- Wir möchten einer vermeintlichen Katastrophe in der Zukunft vorbeugen.
- Unsere Ängste stressen uns und blockieren den inneren Zeugen, also unseren Sachverstand.
- Wir möchten schneller Vorteile haben als die anderen.
- Wir sind zu bequem, um nach anderen, langfristigen Lösungen zu suchen, oder sind es leid. Deshalb denken wir zu kurzfristig und nehmen die „nächstbeste“.
- Wir sind zu ungeduldig und möchten lieber sofort eine Entscheidung haben, auch wenn diese die falsche ist.
- Wir fürchten, uns mit der falschen Entscheidung zu blamieren, was eine soziale Ausgrenzung bedeuten würde, und hören lieber auf andere.
- Wir handeln aus schlechtem Gewissen oder Schuldgefühlen heraus.
- Wir nehmen eine emotionale Erpressung in Kauf, weil wir eine andere Person nicht enttäuschen möchten.
- Wir sind schlicht zu naiv und lassen uns zu schnell täuschen.

Stattdessen: Mit welchen Methoden können Sie Ihre Emotionalität in den Griff bekommen und somit eine Überredungssituation in eine Überzeugungssituation verwandeln?

- Seien Sie sich Ihrer emotionalen Bedürfnisse bewusst und erkennen Sie, dass Ihre Gefühle manipulierbar sind. Eine versteckte Androhung erzeugt schlechte Gefühle und eine lustvolle Versprechung erzeugt gute Gefühle. Nur wenn Sie ehrlich zu sich selbst sind, haben Sie die Chance, Ihre Gefühle rechtzeitig zu erkennen und unter Kontrolle zu bringen.
- In jedem Vorteil liegt auch ein Nachteil. Überlegen Sie immer, ob eine vermeintlich negative Situation für Sie nicht auch Vorteile haben könnte und ob eine vermeintlich positive Situation für Sie

nicht auch Nachteile haben kann. Wenn es um schnelle Erfolge und schöne Versprechungen geht, fragen Sie sich immer, welchen Preis Sie langfristig dafür bezahlen müssten. Alles im Leben funktioniert nach dem Prinzip „Geben und Nehmen". Wenn Sie etwas erhalten, werden Sie früher oder später etwas dafür hergeben müssen.

- Für jede unangenehme Situation gibt es mehrere Lösungsmöglichkeiten. Manchmal ist es wichtig, etwas länger nach einer Lösung zu suchen. Je komplexer die Situation, umso fundierter sollte die Lösung sein. Lassen Sie sich von Ihrer Ungeduld und Ihrer Bequemlichkeit nicht beeinflussen, sondern geben Sie sich die Zeit und die Chance, die Entscheidungen zu treffen, von denen Sie selbst (auch langfristig) überzeugt sind.
- Lernen Sie „Nein" zu sagen, wenn Sie es auch so meinen.
- Bauen Sie Ihr Selbstwertgefühl auf, indem Sie sich mit minderwertigen Lösungen nicht zufriedengeben. Menschen mit starkem Selbstwertgefühl lassen sich selten überreden, sondern suchen nach Lösungen, die ihren eigenen Qualitätskriterien entsprechen.
- Hören Sie auf Ihr Bauchgefühl. Ihr Bauchgefühl ist etwas anderes als Ihre Emotionalität. Während Letztere von kurzer Dauer ist, lässt Sie Ihr Bauchgefühl auch langfristig nicht im Stich. Doch um auf es zu hören, brauchen Sie absolute Ruhe. Das „In-sich-hinein-Hören" setzt voraus, dass Sie sich von äußeren Einflüssen zurückziehen. Die rationalen und emotionalen Argumente können wir uns selbst vormachen. Unser Bauchgefühl lügt allerdings nie.
- Nichts kann so schön oder so schlimm sein, um augenblicklich handeln zu müssen. Im Zweifelsfall und wenn Sie dazu neigen, Ihren emotionalen Kurzschlussreaktionen zu folgen, kann Ihnen der folgende Satz eine falsche Entscheidung ersparen: **„Das Einzige im Leben, was Sie müssen, ist sterben. Alles andere ist Verhandlungssache."**

4.3 Überredung durch psychischen Machtmissbrauch

Die letzte Steigerung der Überredung gleicht schon einer Gewalttat und wird in Kombination mit psychischer Manipulation angewandt – die Übergänge sind fließend. Die Diskrepanz zwischen Dominanz und Unterwürfigkeit ist noch größer, sodass wir sogar von einer Abhängigkeit sprechen dürfen. Hierbei geht es um eine sehr plumpe und offene Form der Machtausübung, wobei zwei äußerst ungleich starke Partner aufeinandertreffen: ein ausschließlich und immer Dominanter und ein ausschließlich und immer Unterlegener. Solche zwischenmenschlichen Beziehungen entwickeln sich manchmal über einen längeren Zeitraum, bis sie diese groteske und skurrile Form annehmen. Ausführliche Beispiele hierzu finden Sie im Kapitel „Überzeugen versus Manipulieren".

Bei der missbräuchlichen Überredung durch Macht geht es dem herrschenden, dominanten Partner darum, den eigenen Willen um jeden Preis durchzusetzen, ohne zu hinterfragen, ob das Vorhaben für sein Gegenüber wirklich gut ist. Demjenigen, der überredet, geht es darum, seine Macht auszuspielen und seine eigenen Bedürfnisse zu befriedigen, seine Wünsche zu erfüllen.

Machtmissbrauch im Privatleben

Der Anspruch auf persönliche Freiheit, sei es im Denken, im Fühlen, im Handeln und auch im Wollen, wird dem schwachen Partner nicht im gleichen Maße zugestanden wie sich selbst. Wir haben es hier also mit mangelnder Wertschätzung zu tun und auch mit einer Art der mentalen und emotionalen Vergewaltigung.

Genauso wie bei einer körperlichen Vergewaltigung, wo der Stärkere ein leichtes Spiel mit dem Schwächeren hat, verhält es sich auch im mentalen und emotionalen Sinne. Im äußersten Fall haben solche Beziehungen dramatische Folgen. Ein sehr trauriges Beispiel dafür ist die häusliche Gewalt, die oft an Schwächeren ausgeübt wird, sei es an Kindern oder an Frauen, in manchen Fällen auch an Männern. Die absolute

Gehorsamkeit, die seitens des Familien-Tyrannen verlangt wird, gehört für die unterdrückten Menschen zum Alltag. Die Machtausübung des Tyrannen erstreckt sich vom „Immer-recht-haben-Wollen“ über verschiedene Verbote, Bedrohung durch Angst bis hin zur körperlichen Unterdrückung.

Die Ausübung der emotionalen und mentalen Dominanz ist ein Zeichen der Unfähigkeit, ein „Nein“ oder eine andere Meinung zu akzeptieren. Dahinter versteckt sich möglicherweise eine ungesunde Selbstüberzeugung, wie z.B. „im Leben zu kurz gekommen zu sein“ oder „nicht ernst genommen zu werden“, also Minderwertigkeitskomplexe. Daher resultiert auch die Absicht, den eigenen Willen durchzusetzen und somit einer Enttäuschung oder Frustration vorzubeugen. Denn für Überredungstäter gibt es nichts Schlimmeres als eine Kapitulation oder abgewiesen zu werden. Die persönliche Autorität und der Erfolg werden über Machtausübung und Unterdrückung definiert.

Auf der anderen Seite des Machtspiels steht eine tatsächliche oder erlernte Ohnmacht, die die Machtausübung der anderen Seite zulässt. Menschen mit einem geringen Selbstwertgefühl oder auch solche, die sich aus unterschiedlichen Beweggründen in eine abhängige Situation begeben, tun sich schwer, zu rebellieren und um ihren Machtanteil zu kämpfen. Kinder haben in einer solchen Position kaum eine Wahl; sie sind von den Erwachsenen abhängig und können nicht alleine überleben. Erwachsene hingegen haben eindeutig mehr Spielraum, um ungesunde Beziehungs-Konstrukte zu verändern oder sie zu verlassen.

Möglicherweise erschreckt Sie diese Passage und sie kommt Ihnen zu krass vor? Für viele gehören solche Erfahrungen zum Alltag. Sie merken nicht einmal, wie schlecht sie dran sind. Es sind die Situationen, wo wir automatisch „die Faust in der Tasche“ lassen, den Groll runterschlucken und um des lieben Friedens willen klein beigeben. Oder wo wir uns „breitschlagen lassen“, weil wir keine Lust haben zu diskutieren. Möglicherweise erleben wir solche Situationen im Familienleben, am Arbeitsplatz oder auch im Freundeskreis. Derjenige, der „die Hosen an hat“, wird bestimmen, was für uns gut ist. Unsere Unfähigkeit, hier ein klares

„Nein“ auszusprechen, macht es möglich, dass wir überredet werden können.

Es gehören immer zwei dazu: Der eine, der es macht, und der andere, der sich das gefallen lässt. Bereits Friedrich Schiller formulierte das treffend: **„Die Großen hören auf zu herrschen, wenn die Kleinen aufhören zu kriechen.“**

Insbesondere Menschen, die ein stark ausgeprägtes Harmoniebedürfnis haben oder um jeden Preis von anderen Menschen geliebt werden wollen, sind bereit, sich in vielen Situationen überreden zu lassen. Die ohnmächtige Grundeinstellung und das Opferverhalten ebnen den Weg, sich zum Spielzeug des Stärkeren zu machen. So finden sich zwei passende Partner zusammen: der eine, der kein „Nein“ akzeptieren, und der andere, der kein „Nein“ aussprechen kann. Die emotionale Abhängigkeit, die sich aus dieser Konstellation ergibt, tut auf Dauer beiden Partnern nicht gut, weil sich beide in gegenseitiger Abhängigkeit persönlich nicht weiterentwickeln können. Im schlimmsten Fall bleibt eine solch ungesunde Symbiose lebenslang bestehen und endet dann nicht selten in einer psychischen oder körperlichen Erkrankung.

Machtmissbrauch im Arbeitsleben

Auch im Arbeitsleben sind die eben geschilderten Konstellationen nicht selten. Tyrannische Vorgesetzte und verängstigte Mitarbeiter tun sich gegenseitig nichts Gutes. Ein äußerst autoritärer, fast despotischer Führungsstil blockiert die Kreativität und die Selbstverantwortung der Mitarbeiter. Eine übersteigerte Kontrolle, endlose Verbote und Imperative führen dazu, dass sie sich jegliches Mitdenken abgewöhnen und nur noch Dienst nach Vorschrift machen.

Die Folgen sind zunehmender Stress und ein insgesamt schlechtes Betriebsklima. Es kommt zu vermehrt krankheitsbedingten Ausfällen, die wiederum der Produktivität und Wirtschaftlichkeit des Unternehmens schaden. Nur im wertschätzenden Austausch können neue Ideen entwickelt werden, die letztendlich dem ganzen Unternehmen zugutekommen und sowohl ein persönliches als auch ein wirtschaftlich gesundes Wachstum garantieren.

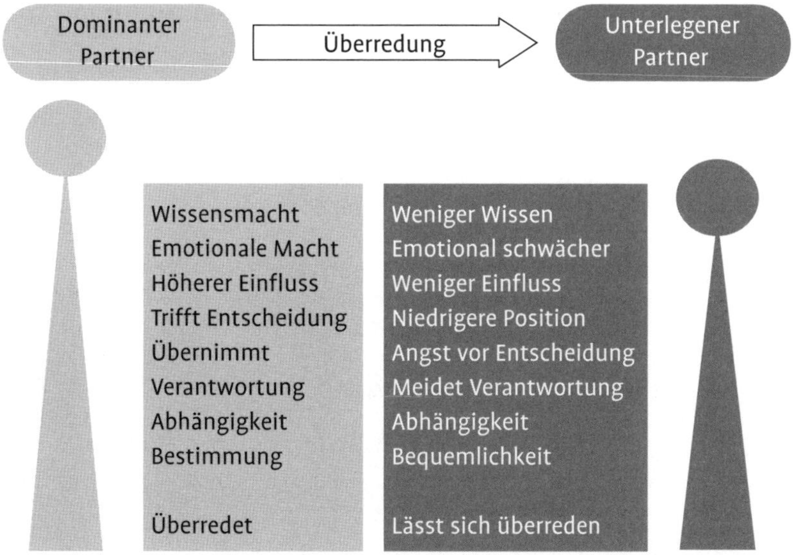

Abbildung 3: Überzeugen versus Überreden

Bedenken Sie: Es gehören immer zwei dazu

Jede Situation, in der wir uns zu etwas widerwillig überreden lassen, bedarf unserer inneren Zustimmung. Diese Zustimmung ist uns nur manchmal nicht bewusst. Wenn wir ehrlich sind, dann dürfen wir nicht leichtfertig sagen: „Diese Person hat mich zu irgendetwas überredet oder ihre Macht missbraucht", sondern müssen tiefer in uns hineinblicken und ehrlich zugeben: „Ich habe mich von dieser Person überreden lassen." Sich zur einen Handlung oder Entscheidung überreden zu lassen bedeutet auch, einen Teil der eigenen Verantwortung abzugeben. Hinter jeder Überredungssituation, jedem Machtmissbrauch verbirgt sich ein sekundärer emotionaler Gewinn, der diese spezifische Konstellation ermöglicht. Es ist nämlich viel leichter, jemand anderen für Misserfolge verantwortlich zu machen, als für eigene, auch falsche Entscheidungen geradezustehen. **Wie wichtig ist uns also unsere Selbstbestimmung und sind wir wirklich bereit, für unsere Entscheidungen die volle Verantwortung zu übernehmen? – Das sollten wir uns von Zeit zu Zeit fragen.**

5. Überzeugen versus Manipulieren

Vielleicht die kürzeste Formulierung, die aufzeigt, ob es sich um eine Überzeugung oder eine Manipulation handelt, ist folgende:

Positive Beeinflussung oder Überzeugung hinterlässt Spuren des Wachstums und des Erfolgs und negative Beeinflussung oder Manipulation hinterlässt Spuren der Hemmung und des Leids.

An den Ergebnissen eines Überzeugungs- oder eines Manipulationsprozesses werden Sie erkennen, ob Sie überzeugt oder doch manipuliert wurden. Meistens dauert es länger, bis Sie das erkennen. Erfahren Sie mehr aus der folgenden Geschichte.

Beispiel: Manipulation im Privatleben

Es ist der Anfang einer Liebesgeschichte. „Ein tiefer Blick, ein geheimnisvolles Lächeln, unglaubliches Prickeln in der Luft, alles andere wird unwichtig. Danach – das erste gesprochene Wort, der Klang der Stimme, der einzigartige Duft der begehrten Person und die verführerische Gestik und Mimik. Aus dem ersten Kontakt wird mehr, viel mehr." So erinnert sich eine meiner Klientinnen an die Anfänge ihrer Beziehung. Dazwischen liegen fast fünfzehn Jahre einer bewegenden Liebesgeschichte, ein emotionales Karussell, viele Tränen, viel Leid, einige wunderschöne Momente und zum Schluss nur noch Verachtung, Schmerz und Verzweiflung. Und auch Schamgefühle: „Wieso habe ich es nicht von Anfang an gesehen, was er mit mir macht? Wieso habe ich das zugelassen? Er war so charmant, so selbstsicher, und er hatte das gewisse Etwas, diese besondere Ausstrahlung, mit der er Menschen auf Anhieb in seinen Bann zog" – so erinnert sie sich später.

Die Manipulationen waren geschickt eingefädelt und sie schlichen sich nach und nach ins Leben ein. Zuerst hat er sie verwöhnt und ihr jeden Wunsch von den Augen abgelesen, sei es mit einem romantischen Dinner, einem schönen Blumenstrauß, mit kleinen Geschenken oder schmeichelhaften Komplimenten. Sie dachte, er wäre etwas ganz Besonderes, ein Traummann. Er wirkte immer so selbstsicher und schlau, wusste immer, was zu tun ist. Sie vertraute ihm ihre tiefsten Gefühle an, öffnete sich und schenkte ihm ihr volles Vertrauen. Nach einiger Zeit wurde er immer fordernder, verlangte von ihr, den Kontakt mit ihrer besten Freundin und ihrer Familie abzubrechen. Er sagte, das seien die Menschen, die ihr nicht guttaten und die sie ausnutzten.

Langsam aber sicher verlor sie den Kontakt zur Außenwelt. Er wurde zu ihrem einzigen Ratgeber und bestimmte komplett ihr Leben. Dabei wertete er sie immer weiter ab, indem er ihr stets aufzeigte, dass sie alleine unfähig zum Leben sei. Sie verlor komplett das Gefühl, was für sie richtig war. Sie verlor ihren Job und hatte kein Selbstbewusstsein mehr, sich eine neue Stelle zu suchen, da sie sich absolut wertlos fühlte. So wurde sie von diesem Mann nicht nur psychisch und emotional, sondern auch materiell abhängig. Ihr komplettes Erspartes wanderte in seine Hand. Ihr Leben drehte sich nur noch um ihn und seine Bedürfnisse. Sie hatte weder Freunde noch Familie, die ihr beistehen konnten. Er akzeptierte keine Widerrede und verlangte von ihr, Dinge zu tun, die sie eigentlich nie tun wollte. Sie erzählte später, sie habe es schließlich freiwillig getan und er habe sie nicht gezwungen. So verkehrt war damals ihre Sicht.

Erst nach einigen Jahren erkannte sie, dass ihr Partner ein egozentrischer Mensch mit bösen Absichten war, der ihr überhaupt nicht guttat. Während ihres Zusammenseins schaffte er es im Beruf ganz nach oben, während sie immer kleiner und unscheinbarer wurde. Der Weg von dieser Erkenntnis bis zur endgültigen Trennung dauerte noch lange. Zuerst fiel es ihr schwer zu glauben, dass sie mit einem Monster zusammen war, denn in ihrer Welt waren Menschen gutmütig. Niemand tut absichtlich jemandem weh, oder? Niemand kann ruhig schlafen, wenn er weiß, dass seine geliebte Partnerin leidet. Die Erkenntnis seines wahren Wesens veränderte ihr komplettes Weltbild und ihren Glauben an das Gute in Menschen. Das Gefühl, persönlich versagt zu haben, zerstörte noch den

Rest ihres Selbstbewusstseins. Sie trennte sich von ihm nach fast fünfzehn Jahren Beziehung als seelisches Wrack und emotional völlig am Ende.

Diese Frau war Opfer und Spielzeug eines Manipulanten mit einer schweren Persönlichkeitsstörung. Diese Störung ist für den Außenstehenden nicht so leicht erkennbar – nicht auf den ersten und auch nicht auf den zweiten Blick. Im Gegenteil: Dieser Mann war auch nach der Trennung ein strahlender, gut aussehender, scheinbar überzeugender Mann mit guten Manieren.

Das ist ein Teil des Spiels eines Manipulanten – die perfekte Tarnung! Bis zu dem Zeitpunkt, wo er sein nächstes Opfer fest an sich bindet. Dann fällt irgendwann mal die Maske, und es wird für sein Opfer zunehmend dunkel und schmerzhaft: In seiner Großartigkeit und seinem Egozentrismus wirft er, wie eine Sonnenfinsternis, einen dunklen Schatten auf alles, das ihn umgibt.

5.1 Manipulation ist eine Strategie

Psychische Manipulation ist nicht nur ein schreckliches Wort, sondern auch eine langfristig ausgelegte strategische Handlung, die Menschenleben nachhaltig zerstört, wie im oben beschriebenen Fall deutlich wird. Das Heimtückische dabei ist, dass eine Manipulation von Anfang an nicht von dem Manipulierten als solche erkannt wird, da es keine plumpen Überredungsversuche oder Gemeinheiten, sondern nur Zuneigung, Anerkennung und gute Gefühle gibt. Erst später, wenn das Opfer dem Manipulanten verfallen ist, zeigt dieser sein wahres Gesicht, aber auch nicht plötzlich.

Ein Manipulationsprozess verläuft langsam, schleichend und bösartig. Sie können ihn mit einem bösartigen Tumor vergleichen, der lange unentdeckt bleibt, während er sich im menschlichen Körper ausbreitet. In dem Moment, wo es wehtut und sich die ersten Anzeichen der

Erkrankung bemerkbar machen, ist es schon fast zu spät für die Heilung. Genauso wie der bösartige Tumor einen menschlichen Körper in Besitz nimmt, so funktioniert auch das psychische Spiel eines Manipulanten: hinterlistig, böse und schmerzhaft. Ob seine Opfer je wieder vollständig heilen, ist ungewiss.

Der Manipulant bezweckt eine gezielte Veränderung im Denken, Fühlen und Verhalten seines Opfers. Er geht dabei verdeckt vor und seine Absichten sind absolut eigennützig und dienen ausschließlich der eigenen Befriedigung, auf Kosten des Manipulierten, der immer benachteiligt oder ausgenutzt wird. Die psychologische Komponente äußert sich in der kompletten Persönlichkeitsveränderung des Opfers, das sich mit der Zeit immer mehr von seinem stabilen „Ich" – also seinen stabilen Persönlichkeitsmerkmalen – entfernt und den Boden unter den Füßen verliert. Die bisherigen Werte gelten nicht mehr; es werden nun die Wertvorstellungen des Manipulanten als eigene übernommen.

Der Manipulant bindet sein Opfer ganz fest an sich, bis es von ihm abhängig ist. Diese Abhängigkeit kann materiell, geistig, spirituell, emotional, intellektuell oder körperlich sein. Oft findet sich eine multiple Abhängigkeit in fast allen Lebensbereichen.

5.2 Manipulationen gibt es überall

Nicht nur in privaten Beziehungen treffen wir auf Manipulationen, auch im beruflichen Kontext sind sie an der Tagesordnung. Sie zeigen sich hier z.B. als Mobbing (das absichtliche und böswillige Schikanieren eines Kollegen) bzw. als Bossing (das absichtliche und böswillige Schikanieren eines Mitarbeiters seitens der Vorgesetzten). In Form des Lobbyismus findet man sie in der Politik oder in verschiedenen Interessensgruppen, Glaubens- und Religionsgemeinschaften und letztendlich auch in den Medien.

Manchmal werden Manipulationen ausgeübt, um die allgemeine Meinung der Masse zu beeinflussen, und manchmal stellen nur einzelne

Personen oder Personengruppen die Zielscheibe dar. Insbesondere Sektenanführer, selbst ernannte Gurus und politische Diktatoren setzen auf komplexe Manipulationen, um Macht und Einfluss über ihrer Gefolgschaft zu erlangen.

Doch auch im Kindergarten oder in der Schule kommt es zu Manipulationen, indem manche Kinder isoliert oder gemobbt werden. Manipulanten können sowohl männlichen als auch weiblichen Geschlechts sein, wobei es statistisch gesehen mehr männliche als weibliche Manipulanten gibt. Die Ursache hierfür liegt wahrscheinlich an einem etwas höheren Einfühlungsvermögen des weiblichen Geschlechts. So lassen Einsicht und Rücksicht es häufig nicht zu, das manipulierte Opfer komplett zu zerstören.

Da sich Manipulanten wegen mangelnder Einsicht selten in eine medizinische Behandlung begeben, gibt es keine gesicherten Zahlen dafür, wie viele schwer manipulative Menschen es tatsächlich auf der Welt gibt. Gewiss ist, dass sie in jeder sozialen Schicht und auf jedem Kontinent vertreten sind. Aufgrund ihres Machtstrebens findet man sie in der Business-Welt nicht selten in einer leitenden Funktion. Hierzu ein Bossing-Beispiel aus meiner Coaching-Arbeit. Diesmal handelt es sich um eine weibliche manipulative Person, die ihre Mitarbeiterin schikaniert und durch Manipulationen ihr Denken, Fühlen und Verhalten zum eigenen Vorteil steuert.

Beispiel: Manipulation im Berufsleben durch Bossing

Eine Klientin von mir bewarb sich in einem großen Konzern auf die Stelle der Büroassistentin. Ihre Vorgesetzte war von Anfang an sehr nett und zuvorkommend, es bahnte sich eine gute und kollegiale Beziehungsebene an. Da das Team neu zusammengestellt wurde, war der Berufsalltag sehr stressig und anspruchsvoll, es gab viel zu tun. Meine Klientin war eine sehr hilfsbereite, loyale und fleißige Mitarbeiterin und überdurchschnittlich motiviert, einen guten Job zu machen.

Bereits nach wenigen Tagen stellte sich heraus, dass ihre Vorgesetzte oft über andere Teammitglieder lästerte und vor meiner Klientin schlecht machte. Gleichzeitig gab es immer öfter vertraute Gespräche zwischen meiner Klientin und ihrer Vorgesetzten, während der Mittagspause oder bei einem Afterwork-Drink, wo meine Klientin ein wenig über ihr Privatleben erzählte. Sie war eine schüchterne Frau ohne Partner und viele Freunde und lebte eher zurückgezogen. Oft machte sie Überstunden und bezog ihr Selbstwertgefühl zu diesem Zeitpunkt ausschließlich aus ihrer Arbeit.

Ihre Vorgesetzte spannte sie immer stärker ein und ließ meine Klientin auch ihre eigene Arbeit erledigen. Für die Mittagspause blieb kaum noch Zeit, sodass meine Klientin meistens nur ein Brötchen am Arbeitsplatz aß, während ihre Vorgesetzte jeden Tag mit einem anderen Teamkollegen auswärts zum Essen ging, was sich manchmal länger als zwei Stunden hinzog.

Durch die viele Arbeit merkte meine Klientin nicht, dass ihre Teamkollegen immer weniger mit ihr zu tun hatten. Sie verhielten sich komisch, machten abwertende Sprüche oder unangenehme doppeldeutige Scherze über sie, die sie nicht einordnen konnte. Es schien so, als habe sie in diesem Unternehmen keine Freunde. Die Einzige, die wirklich zu ihr stand, war ihre Vorgesetzte. Diese betonte immer, wie wichtig und unverzichtbar ihre Arbeit sei.

Als ein Teammitarbeiter entlassen wurde, wendete sich plötzlich das Blatt. Meine Klientin traf ihn wenig später zufällig und er erzählte ihr, dass die Vorgesetzte in übelsten Tönen hinter ihrem Rücken über sie sprechen und vor Teamkollegen immer lächerlich machen würde. Sie bezeichne meine Klientin als emotional instabil, unausgeglichen, unaufmerksam, langsam und inkompetent, was an ihrem unbefriedigenden Privatleben liegen könne. Der Ex-Kollege machte sie auch darauf aufmerksam, dass sich ihre Vorgesetzte mit ihren Leistungen schmückte und sie „nach oben" als ihre eigenen kommunizierte.

Plötzlich fügte sich alles zusammen und allmählich wurde meiner Klientin klar, wo die Sticheleien seitens der Kollegen herkamen. Der Konflikt wurde angezettelt, weil es als Lügenschutz diente, da ansonsten auffallen würde, dass sie die ganze Arbeit machte und nicht ihre Vorgesetzte. Meine Klientin erkannte, in welcher aussichtslosen Situation sie sich befand, und sie verspürte Wut, Scham, Trauer, Frust und Ohnmacht zugleich. Weil sie bei der Arbeit so überfordert wurde, hatte sie nie Zeit gehabt, eine gute kommunikative Ebene mit ihren Kollegen aufzubauen. Ihr Fleiß, mit dem sie versuchte die Anerkennung zu bekommen, wurde ihr zum Verhängnis. Ihre Loyalität und ihre Gutgläubigkeit gegenüber ihrer Vorgesetzten wurden auf die übelste Art ausgenutzt. Sie konnte kaum glauben, dass sie ein Opfer einer Manipulantin und Intrigantin war.

Sie versuchte mit ihrer Vorgesetzten darüber zu reden, leider ohne Erfolg. Alle Vorwürfe wurden abgewiesen. Zum Schluss schaukelte sich die ganze Situation hoch, sodass meine Klientin für längere Zeit krank wurde. Als sie aus ihrem Krankenstand zurück ins Unternehmen kam, wartete die Kündigung auf sie. Sie verließ das Unternehmen, ohne je eine Chance gehabt zu haben, etwas zu klären oder klarzustellen.

Als sie nach ihrer Kündigung zu mir kam, war sie am Boden zerstört und befand sich in einem sehr deprimierenden Zustand. Nach einigen Monaten lösungsorientierter Coaching- und Therapie-Arbeit hatte sie wieder genug Selbstvertrauen und Selbstwertgefühl, um sich der nächsten beruflichen Herausforderung zu stellen.

5.3 Wie funktioniert eine psychische Manipulation?

Wie Sie bereits erfahren haben, steckt hinter einer psychischen Manipulation eine komplexe Strategie, die auf keinen Fall vom Opfer durchschaut werden darf. Der Manipulant agiert nach seinem Plan und ist bemüht, alles wie reinen Zufall aussehen zu lassen. Dabei schreckt er nicht vor Lügen, Intrigen, übler Nachrede, Fälschungen, Verschweigen zurück, vor allem auch nicht vor dem Weglassen wichtiger Fakten, vor Aggressivität, Drohungen, Erpressungen oder Gewalt.

Ein Manipulant ist bereit alles zu tun, um absolute Macht über sein Opfer zu gewinnen. Er kennt kein schlechtes Gewissen und keine Reue, da für ihn alles erlaubt ist, was seinem Ziel dient. Er ist besessen von seinen Zielen und zweifelt nie an seinen Fähigkeiten. Gerade diese Kombination macht ihn so gefährlich: extrem fokussiert und selbstbewusst, dabei frei von Empathie und Mitgefühl.

Auch wenn ein Manipulant sehr überzeugend wirkt und einen extremen Einfluss auf seine Opfer ausüben kann: **Manipulation ist keine Überzeugungsarbeit!** Ein Überzeugungsprozess zeichnet sich dadurch aus, dass sich beide Gesprächspartner gleichwertig und auf Augenhöhe im Dialog über eine Angelegenheit austauschen. Es herrscht Transparenz bezüglich der Absichten sowie der Vor- und Nachteile.

Haben wir es mit Manipulation zu tun, bleiben hingegen der benachteiligten Person die Hintergründe verborgen. Es handelt sich um ein unfaires Machtspiel, in dem sich der Manipulierende versteckter Waffen bedient. Das wird spätesten dann klar, wenn es am Ende einen Gewinner und einen Verlierer gibt, obwohl doch am Anfang suggeriert wurde, dass dem nicht so sein würde. **Manipulation ist also Betrug der übelsten Sorte, mit schmerzhaften Nachteilen für den Manipulierten.**

Um eine Manipulation deutlich zu identifizieren, müssen folgende Kriterien erfüllt sein:

- Ein Mensch wird bewusst und vorsätzlich getäuscht.
- Jegliche Möglichkeit, diese Täuschung zu durchschauen, wird ihm durch Intrigen oder Lügen verwehrt.
- Der Manipulant beeinflusst die manipulierte Person, um eigene Vorteile zu erlangen.
- Der manipulierten Person wird absichtlich Schaden auf mehreren Ebenen zugefügt (es müssen nicht unbedingt alle Ebenen betroffen sein): emotional, sozial, wirtschaftlich und körperlich.
- Die Ängste und unbewussten Motive sowie die emotionalen Defizite des Manipulierten werden missbraucht und als Handlungsmotive benutzt. Das Opfer handelt nicht mehr willentlich, sondern fremdgesteuert und ist sich dieser Steuerung nicht bewusst. Statt mehr

Selbstsicherheit erfährt er immer mehr Orientierungslosigkeit und Verunsicherung.

- Die höhere Handlungs- oder Entscheidungsmacht des Manipulanten wird für eigene Zwecke missbraucht. Die manipulierte Person befindet sich in irgendeiner Form in einem starken Abhängigkeitsverhältnis zum Manipulator.

5.4 Die Stufen einer Manipulation

Eine psychische Manipulation erfolgt in mehreren Schritten. Hierfür bedarf es einer Strategie oder eines Plans, der Stufe für Stufe durchgeführt wird. Wie bereits erwähnt, ist dieser Plan nur dem Manipulanten und nicht dem Opfer bekannt.

Erste Stufe – die Planungsphase

Ein Manipulant sucht sich bewusst sein Opfer aus. Das Opfer ist ihm in irgendeiner Form unterlegen, es verfügt über ein mangelndes Selbstbewusstsein und Selbstwertgefühl. Darüber hinaus wird das Opfer als potenzieller Nutzbringer erkannt, weil der Manipulant zur Verwirklichung seiner eigenen Ziele die Unterstützung des Opfers benötigt. Der Manipulant handelt bereits, während sein Opfer noch nicht einmal ahnt, dass es im Visier des Manipulanten ist.

Der Manipulant verschafft sich im Vorfeld viele Informationen, die er geschickt zu nutzen weiß. Sein Opfer hat meistens keine Informationen und ist oft mit der Einstellung gesegnet, dass Menschen ehrlich und gutmütig sind. Gerade wegen seiner Naivität und Leichtgläubigkeit entspricht es dem typischen Beuteschema des Manipulanten.

Zweite Stufe – die Verführungsphase

Der Manipulant verführt sein Opfer, macht ihm viele Komplimente oder Versprechungen und schafft schnell eine vertraute Atmosphäre. Da er sofort die Schwächen seines Opfers durchschaut, nutzt er sie geschickt aus, indem er versucht, das Selbstvertrauen seines Opfers auf diesem Gebiet aufzubauen.

Hat zum Beispiel eine Frau Probleme mit ihrem Übergewicht, wird er ihr stets Komplimente für ihr Aussehen machen und betonen, wie anziehend und sexy er sie findet. Wenn das ein Mitarbeiter im Unternehmen ist, der von anderen Kollegen nicht ernst genommen wird, bekommt er vom Manipulanten stets Komplimente über seine hervorragende Arbeit, die von den „dummen Kollegen" nicht anerkannt wird. Es ist wichtig zu erkennen, dass ein Manipulant keine Skrupel hat, dreist zu lügen, nur um das absolute Vertrauen seines Opfer zu gewinnen.

Die Reaktion des Opfers ist meist tiefe Dankbarkeit, Vertrauen, und es wird in gewisser Weise süchtig nach den schmeichelnden Worten und Komplimenten. In dieser Phase hat der Manipulant sein Opfer bereits geködert, der klare Verstand und der „innere Zeuge" sind ausgeschaltet. Die positiven Gefühle, die das Opfer empfindet, gewinnen Überhand über seine Ratio.

Dritte Stufe – die Beeinflussungs- und Kontrollphase

Der Manipulant versucht, die wichtigste Person im Leben des Manipulierten zu werden. Er stellt sich als Experte auf dem Gebiet dar, auf dem das ausgesuchte Opfer Mangel leidet. Mit den Qualifikationen ist es in Wirklichkeit oft nicht weit her, denn nicht selten sind Manipulanten wahre Hochstapler.

Als „Experte" gibt also der Manipulant seinem Opfer wertvolle Ratschläge, bestärkt es weiterhin mit Komplimenten und versucht es von der Außenwelt zu isolieren. Oft lenkt er die Aufmerksamkeit auf angebliche oder tatsächliche Fehler der anderen und erzeugt den Eindruck, dass die bisherige Umgebung für den Manipulierten nicht mehr gut ist. Entweder passiert das direkt: „Im Gegensatz zu mir weiß deine Freundin dich gar nicht wirklich zu schätzen." Oder indirekt: „Ich habe das Gefühl, dass dich andere Kollegen hinter deinem Rücken auslachen."

Da das Opfer zunehmend Konflikte mit seiner Umwelt hat und sich von der Außenwelt immer mehr abschottet, vertraut es immer mehr auf die Meinung des Manipulanten. Dieser erklimmt eine weitere Autoritätsstufe, indem er sich zum besten und loyalsten Berater und Ratgeber macht, der immer Zeit und ein offenes Ohr für die Nöte und Sorgen seines Opfers hat. Dabei hört er nur aufmerksam zu und merkt sich weitere Schwachstellen.

In dieser Phase besteht schon eine erste psychische und emotionale Abhängigkeit zwischen dem Manipulanten und seinem Opfer. Das Opfer wird zum treuesten Fan des Manipulators und glaubt ihm zunehmend alles, was er sagt.

Vierte Stufe – die Erpressungsphase

Der Manipulant fängt an, fordernd zu werden. Er will jetzt seine Ziele durchsetzen und zählt auf Unterstützung seines Opfers. Das kann eine materielle Unterstützung sein (zum Beispiel bei einem Heiratsschwindler), eine fachliche (zum Beispiel eine begehrte Position im Unternehmen erreichen) oder eine emotionale (zum Beispiel die Befriedigung seines unersättlichen Egos im Hinblick auf seine Großartigkeit). Ist das Opfer nicht bereit, die geforderte Unterstützung zu gewähren, kommt es zu emotionalen Erpressungen und Bestrafungen. Der Manipulant spielt mit den Gefühlen seines Opfers, lässt es eiskalt leiden.

Die Machtausübung und die emotionale Erpressung verwirren das Opfer komplett und es gibt kein Entkommen mehr. Sehr verunsichert und orientierungslos hat das Opfer kaum noch eine eigene Meinung. Jegliche Kritikfähigkeit ist ihm verloren gegangen. Die einzige Person, auf die es bauen kann, ist der Manipulant, denn das bisher vertraute soziale Umfeld ist ziemlich „dünn" geworden. Die meisten Opfer erkennen in dieser Phase noch immer nicht, mit wem sie es zu tun haben.

Fünfte Stufe – die Vernichtungsphase

Das Opfer wird endgültig zum Spielzeug des Manipulanten. Seine Bedürfnisse werden ignoriert und nicht erfüllt, alles dreht sich nur noch um die Bedürfnisse und Ziele des Manipulanten. Das Opfer wird missbraucht, missachtet, belächelt, abgewertet, verunsichert und ausgelacht. Sein Selbstbewusstsein ist bei null und depressive Stimmung macht sich breit.

Zum ersten Mal wird dem Opfer bewusst, dass irgendetwas nicht stimmt. Da alle Freunde weg sind, gibt es niemanden, der ihm helfen könnte. Es werden Ausreden gesucht, die gesamte Situation wird schöngeredet: „Es handelt sich nur um eine vorübergehende Krise." Der Manipulant schreckt nicht davor zurück, dem Opfer mitzuteilen, dass es psychisch instabil, krank und schwach ist und dass es ohne ihn nicht überlebensfähig wäre.

Jetzt ist die absolute Spitze der psychischen Abhängigkeit erreicht. Der Manipulant hat inzwischen viele seiner Ziele erfüllt und fühlt sich dadurch noch stärker und mächtiger. Er blüht buchstäblich auf.

Sechste Stufe – die Endphase

Entweder wird das Opfer vom Manipulanten abgestoßen, wenn es ihm nicht mehr nutzt, oder das Opfer holt sich fremde Hilfe und schafft es, den Teufelskreis zu verlassen. Der körperliche, psychische, emotionale, soziale und materielle Schaden ist enorm.

Manche Opfer erholen sich von der schlimmen Erfahrung und können nach einiger Zeit wieder ein normales Leben führen, manche aber nicht. Es bleiben Narben, die Erinnerung an schmerzhafte Erfahrungen und eine harte Lektion des Lebens. Im schlimmsten Fall sind die Opfer so stark traumatisiert, dass sie noch Jahre brauchen, um ihr Selbstwertgefühl wieder aufzubauen.

5.5 Woran erkennen Sie einen Manipulanten?

Die Beweggründe eines Manipulanten sind oft verborgene schwere Minderwertigkeitskomplexe, die durch Macht und Manipulation kompensiert werden. Darüber hinaus wurde in der neurobiologischen Forschung herausgefunden, dass die Schädigung der Amygdala[4] zu einem skrupellosen und manipulativen Verhalten führen kann. Dieses Verhalten hat eine derart krankhafte und abnormale Ausprägung, die für einen gesunden Menschen schwer nachvollziehbar ist. In der klinischen Diagnostik verwendet man häufig den Begriff „Persönlichkeitsstörung", was bedeutet, dass die betroffenen Menschen in ihrem Denken, Fühlen und Verhalten von der Durchschnittsnorm abweichen, insbesondere in ihrem sozialen Kontext.

Manipulanten zeigen oft Merkmale einer antisozialen, einer Borderline- und einer narzisstischen Persönlichkeitsstörung (früher Psychopathie genannt).

Im Folgenden finden Sie einige Persönlichkeits- und Verhaltensmerkmale eines Manipulanten. Die Auflistung ist nicht zu 100 % vollständig und es müssen nicht in jedem Fall alle beschriebenen Merkmale gegeben sein.

- Außergewöhnlich viel Charme und eine außerordentliche Ausstrahlung, rhetorische Schlagfertigkeit und ein überzeugender Erzählstil (Geschichtenerzähler).

---

4 Die Amygdala ist ein Teil des Gehirns, der u.a. für das Einfühlungsvermögen zuständig ist.

- Mangelnde Empathie-Fähigkeit und Gefühlskälte gegenüber anderen bei gleichzeitiger Vortäuschung echter Gefühle. Insbesondere dieses Verhalten ist sehr schwer zu erkennen, da Manipulanten sehr gute Schauspieler sind.
- Missachtung sozialer Normen und Überschreitung persönlicher Grenzen.
- Ausbeutung und Missbrauch anderer Menschen für eigene Zwecke.
- Die Unfähigkeit, Bedürfnisse anderer Menschen zu respektieren und zu befriedigen.
- Beziehungsschwäche und Bindungsstörung; andere Menschen werden meistens abgewertet, eine partnerschaftliche Beziehung auf Augenhöhe ist kaum möglich.
- Geringe Frustrationstoleranz, mangelnde Kritikfähigkeit und das Fehlen jeglicher Einsicht.
- Mangelndes Schulderleben und die Abwesenheit von Angst.
- Für das eigene Verhalten gibt es immer Begründungen und Ausreden, die mit Nachdruck vorgebracht werden. Andere werden unberechtigterweise und aus nicht nachprüfbaren Gründen beschuldigt.
- Anhaltende Reizbarkeit und Impulsivität, Wutausbrüche.
- Übertriebene Gefühle von Großartigkeit, Wichtigkeit und Besonderheit bezüglich der eigenen Person.
- Neid auf andere Menschen und ihre Fähigkeiten. Auch in diesem Punkt wird ein Manipulant alles daransetzen, um dieses Verhalten zu verbergen.
- Die Unfähigkeit, Anerkennung und Dank gegenüber anderen Menschen auszusprechen.
- Pathologische Egozentrik und Selbstgefälligkeit.
- Lügen, Manipulieren, Tricksen und Erpressen gehören zum täglichen Verhaltensrepertoire eines Manipulanten.

Manipulanten sind sich insbesondere ihrer kommunikativen und rhetorischen Macht bewusst und nutzen sie, um ihre Opfer zu verunsichern oder zu manipulieren. Nicht die rhetorischen Techniken und Beeinflussungsmethoden machen sie so gefährlich, sondern ihre verborgene Absicht, anderen Menschen bewusst zu schaden, um sich dann über sie zu erheben.

5.6 Wie können Sie sich vor Manipulation schützen?

Erkennen Sie, dass es Manipulanten gibt! In beiden Beispielen am Anfang des Kapitels haben Sie bestimmt erkannt, dass insbesondere naive und gutgläubige Menschen leicht manipuliert werden.

Achten Sie auf sich! Ihre humanistische Einstellung, Ihre Loyalität und Hilfsbereitschaft sind ein hohes Gut, das nicht jeder verdient. Es ist sinnvoll, das Umfeld und die Menschen, die Ihnen begegnen, sei es beruflich oder privat, genau zu überprüfen, bevor Sie ihnen Ihr Vertrauen schenken. Gehen Sie davon aus, dass grundsätzlich jeder Mensch manipulatives Potenzial hat. Allerdings wird längst nicht jeder Mensch hiervon Gebrauch machen und sich auf egoistische, missbräuchliche Weise Vorteile auf Kosten anderer verschaffen.

Seien Sie hellhörig, wenn Ihnen jemand bereits nach kurzer Zeit zu viele Komplimente macht! Auf dieser Erde handelt niemand, ohne nicht auch den eigenen Vorteil im Blick zu haben. Die gute Fee, die Ihnen bedingungslos alle Wünsche erfüllt, gibt es nur im Märchen. Begegnet Ihnen also im wahren Leben etwas, das zu schön ist, um wahr zu sein, dann seien Sie vorsichtig. Sie haben bereits in den vorherigen Kapiteln erfahren, dass extreme Emotionen Ihren klaren Verstand und Ihren „inneren Zeugen“ ausschalten können.

Menschen, die Sie überzeugen und nicht manipulieren wollen, sind bereit, über ihre Beweggründe offen zu sprechen. Ein Kollege, der Ihnen nur schmeichelt und Komplimente macht, hat einen guten Grund dafür – er möchte etwas von Ihnen. Die Frage ist nur, was? Fragen Sie direkt nach, warum er sich so sehr um Sie bemüht. Beobachten Sie genau seine Mimik und Körpersprache, um mögliche Anzeichen für Lügen zu entdecken. Geben Sie sich mit schwammigen oder ausweichenden Antworten nicht zufrieden. Stellen Sie sich immer innerlich die Frage: **„Wer sagt was und warum? Und warum sagt er es gerade mir?“** Wenn Sie nicht durchschauen können, was hinter einer Handlung steckt, dann seien Sie vorsichtig und gehen Sie zuerst einmal auf Abstand. Versuchen Sie mehr über die Motive Ihres Gegenübers herauszubekommen, wenn er sie Ihnen nicht freiwillig preisgibt.

Bauen Sie Ihr Selbstwertgefühl auf! Manipulanten suchen sich immer Menschen als Opfer aus, die ein mangelndes Selbstwertgefühl haben. Der erste und entscheidende Schritt in ihrer Manipulationsstrategie ist demnach folgender: Sie bauen zuerst das Selbstwertgefühl des Opfers auf, um eine Vertrauensebene herzustellen.

Jeder Mensch ist hungrig nach Lob und Anerkennung, insbesondere in den Bereichen, in denen er sich unsicher oder minderwertig fühlt. Seien Sie sich Ihrer Stärken und Schwächen bewusst und verlangen Sie nicht zu viel von sich selbst. Schauen Sie sich um und Sie werden feststellen, dass niemand perfekt ist. Selbstwertgefühl bedeutet nicht, perfekt zu sein, sondern sich selbst zu lieben und zu schätzen, mit allen Vor- und Nachteilen, die man hat.

Pflegen Sie gute Beziehungen zu Ihren Freunden! Bevor die Manipulationsstrategie eines Manipulanten aufgehen kann, müssen Manipulationsopfer von ihrem bisherigen Umfeld isoliert werden. Wenn Sie einen stabilen Familien- und Freundeskreis haben, wird Sie dieser auch beschützen, wenn es Ihnen nicht gut geht. Unsere Liebsten merken manchmal schneller als wir selbst, wenn wir in Gefahr sind, und sprechen das auch an. Wenn Sie wegen einer Person zunehmend Konflikte in Ihrem Vertrauensumfeld haben, dann seien Sie aufmerksam und hören Sie genau zu, was Ihnen Ihre Nächsten sagen. Insbesondere wenn mehrere Personen unabhängig voneinander Sie warnen, dass Sie sich sehr verändert haben, sollten Sie überlegen, ob Sie nicht auf „dem Holzweg“ sind. Opfern Sie niemals Ihre Familie oder langjährige Freunde für neue Bekanntschaften, insbesondere dann nicht, wenn Ihnen diese Person suggeriert, dass Ihr bisheriges Umfeld nicht gut genug für Sie sei.

Wenn Sie unsicher sind, hören Sie auf Ihr Bauchgefühl! Oft spüren wir, dass etwas nicht stimmt, denn unser Unterbewusstsein lässt sich viel schlechter manipulieren als unser Verstand. Wenn Sie ein ungutes Gefühl bezüglich einer Person haben, dann hören Sie darauf und sprechen Sie mit einer Vertrauensperson darüber, um für sich selbst mehr Klarheit zu gewinnen. Außenstehende haben oft einen anderen, unvoreingenommeneren Blick auf die Dinge. Sie können sich auch an einen Coach oder einen Psychologen wenden, wenn Sie mehr Klarheit brauchen und Ihnen Ihre Situation zu komplex erscheint. Es ist in jedem Fall besser, rechtzeitig aktiv zu werden und Entscheidungen zu treffen, als zu lange zu warten und dann einen viel größeren Schaden in Kauf nehmen zu müssen. Vorbeugen ist immer besser als eine Nothandlung.

Lassen Sie sich niemals zu einer Entscheidung zwingen! Viele Manipulanten arbeiten gerne mit Angst, Druck und Erpressungen. Das wird entweder offen oder unterschwellig in einem Überredungsversuch formuliert: „Wenn du jetzt nicht das oder das machst, dann wird etwas Schlimmes passieren." Das ist oft eine konstruierte Situation, um von Ihnen eine Zustimmung oder Entscheidung zu erlangen, auch wenn Sie das gar nicht wollen.

Lassen Sie sich auf solche Spielchen nicht ein. Jemand, der Sie überzeugen möchte, hat gute Argumente, auch morgen noch oder übermorgen. Er wird Ihnen die Zeit lassen, Ihre Entscheidung reiflich zu überlegen. Wenn Sie nach dem Motto handeln „Entweder jetzt oder nie", dann kann es sein, dass Sie sehr bald Ihre Entscheidung bereuen. Seriöse Gesprächspartner mit guten Ideen und Angeboten haben es nicht nötig, Sie unter Druck zu setzen.

Verlassen Sie sich auf Ihre Selbstüberzeugungen, Prinzipien, Normen und Werte! Ihr Leben gründet sich auf Ihre Selbstüberzeugungen und Werte, die Sie zu der Person gemacht haben, die Sie heute sind. Auf diese Basis können Sie vertrauen. Wenn jemand versucht, Sie zu verunsichern, indem er Ihre Werte infrage stellt, ziehen Sie hier eine klare Grenze. Ihre persönliche Einstellung können allenfalls Sie selbst infrage stellen. Wenn es darum geht, Ihre Werte neu zu ordnen, seien Sie sehr achtsam, denn jeder Schritt auf diesem Terrain sollte gut und in Ruhe überlegt werden.

Im Folgenden sehen Sie nochmals im Überblick den Unterschied zwischen Überzeugungsarbeit und Manipulation.

ÜBERZEUGUNGSARBEIT	MANIPULATION
Die Hintergründe sind transparent und nachvollziehbar.	Die wahren Hinter- oder Beweggründe bleiben verdeckt.
Durch eine Überzeugung ergibt sich ein Vorteil für beide Partner.	Durch Manipulation gibt es einen Vorteil für den Manipulanten.
Für Überzeugungsarbeit sind keine Intrigen notwendig.	Für eine Manipulation muss ein Lügenkonstrukt erschaffen werden.
Fakten und Argumente sind jederzeit überprüfbar.	Statt mit Argumenten wird mit subjektiven Annahmen gearbeitet.
Eine Entscheidung kann ohne (zeitlichen) Druck erfolgen.	Die Entscheidung muss kurzfristig erfolgen.
Positive Gefühle und Vorteile stehen im Vordergrund.	Entscheidungen werden aus Angst getroffen, etwas zu verlieren.
Nachteile werden offengelegt.	Nachteile werden verschwiegen.
Alle Informationen stehen zur Verfügung.	Wichtige Informationen werden zurückgehalten oder verfälscht.
Der Gesprächspartner wird als gleichwertig angesehen.	Der Gesprächspartner wird als minderwertig oder machtlos angesehen.
Eine wie auch immer geartete Machtposition wird nicht missbräuchlich eingesetzt.	Macht wird missbräuchlich eingesetzt.
Die Gesprächspartner respektieren das Wertesystem ihres Gegenübers.	Das Wertesystem des Gesprächspartners wird nicht respektiert und es wird entwertet.
Es wird keine Abhängigkeit angestrebt.	Es wird versucht, eine Abhängigkeit herzustellen.
Der Gesprächspartner soll durch Überzeugungsarbeit gestärkt werden.	Der Gesprächspartner soll durch Manipulation geschwächt oder verunsichert werden.

ÜBERZEUGUNGSARBEIT	MANIPULATION
Es wird eine langfristige Beziehung angestrebt.	Es wird eine zweckmäßige Beziehung angestrebt, die nur Bestand hat, solange sie dem Manipulator Vorteile bringt.
Überzeugungsarbeit kann vor den Augen anderer geschehen.	Manipulation braucht soziale Isolation des Manipulierten von seinen Beziehungspersonen.

Abbildung 4: Überzeugungsarbeit versus Manipulation

5.7 Manipulieren oder überzeugen?

Ich hoffe, Sie haben in diesem Kapitel erkannt, dass eine Manipulation etwas ganz anderes als ehrliche Überzeugungsarbeit ist. Jeder Mensch kann andere Menschen manipulieren – wenn er das will. Er muss dafür nur seine humanistische Ader, seine Empathie und seinen Charakter ohne Rückfahrschein auf eine Reise nach Nirgendwo schicken und dabei höllisch aufpassen, dass er nicht erwischt wird. Manipulation ist nämlich kein Kavaliersdelikt, sondern eine Straftat, insbesondere wenn es um Mobbing, Bossing oder psychische Erpressung geht.

Sie wissen genau, dass nur psychisch instabile Persönlichkeiten mit Minderwertigkeitskomplexen bereit sind, krankhafte Ideen zu entwickeln, etwa dass sie andere Menschen „besitzen", und ihnen durch Manipulationen Schaden zuzufügen. Reife Menschen hingegen handeln aus Respekt und Wertschätzung heraus und sind bereit, an ihrer wahren Überzeugungskraft zu arbeiten. Erreichen sie nicht sofort das Gewünschte, lassen sie sich nicht ohne Weiteres auf das Niveau der Manipulation degradieren. Suchen Sie nach fairen Lösungen.

Menschen zu überzeugen ist oft der mühsamere Weg und verlangt dem Einzelnen mehr ab. Menschen zu manipulieren scheint häufig einfacher zu sein. Die Entscheidung liegt bei jedem selbst: Wie möchte er das zwischenmenschliche Miteinander gestalten? Auf welches Niveau möchte er sich dabei begeben und was traut er sich in diesem Zusammenhang zu? Ausführliche Impulse zum Thema Selbstmanagement, Selbstkontrolle und Lösungskompetenz erhalten Sie später im Kapitel „Überzeugung und Tiefenpsychologie".

6. Was hat Psychologie mit Überzeugung zu tun?

Die schönsten und wertvollsten Augenblicke im Leben sind die, die von uns als harmonisch und erfüllend empfunden werden. Es sind die seltenen Augenblicke des „Miteinander-Seins“, in denen wir mit uns selbst und mit unseren Mitmenschen im Reinen sind. Es sind auch die Momente, wo wir froh sind, niemanden willentlich überzeugen zu müssen, sondern wo einfach alles fließt: Verständnis, Einsicht, Zustimmung, Gleichgewicht, Zufriedenheit. Möglicherweise sind diese Momente auch deshalb so kostbar, weil wir sie meistens nicht planen können – wir erleben sie als ein Geschenk des Lebens.

Vielleicht erinnern Sie sich auch an Situationen, in denen Sie in einem Kunden- oder Mitarbeitergespräch keine große Energie aufwenden mussten, um Ihre Ideen durchzusetzen? Sie wurden als natürliche Autorität akzeptiert, alles was Sie sagten, war schlüssig und sinnvoll und Sie erhielten große Akzeptanz und Anerkennung von der anderen Seite. Natürlich sind solche Momente für uns euphorisierend, denn sie geben uns viel Kraft und Zufriedenheit, sie bestätigen uns in unserem Dasein, als Person.

6.1 Der Mensch – das rätselhafte Wesen

Wenn wir das große Glück hätten, nur von Menschen umgeben zu sein, die uns äußerst ähnlich sind und mit denen wir uns „blind“ verstehen, – dann könnten wir vermutlich meinen, Menschen seien leicht zu überzeugen. Nur leider ist das meistens nicht der Fall, denn neben unserem engsten Kreis aus Freunden oder Familienangehörigen begegnen uns im Laufe des Lebens Tausende von Menschen. Sie alle haben Einfluss auf uns, ärgern uns vielleicht oder fordern uns heraus. Trotz Anstrengung werden wir viele von ihnen nicht verstanden, geschweige denn überzeugt haben; und umgekehrt dürfte es sich nicht anders verhalten. Trotz bester Vorbereitung erscheint uns unser Gegenüber manchmal wie ein Wesen von einem anderen Stern, als stünde eine unsichtbare Mauer zwischen uns, an der jeder Überzeugungsversuch von vornherein abprallt.

Solche Situationen machen uns angreifbar, unsicher und kosten uns sehr viel Kraft. Wir stellen uns selbst und unsere Ideen infrage, obwohl wir eben doch noch davon überzeugt waren, dass alles in Ordnung sei. Die Diskrepanz zwischen unserem Vorhaben und unseren Ergebnissen ist schmerzlich für unser Selbstbewusstsein und unser Selbstwertgefühl.

Dass wir manchmal scheitern, liegt jedoch nicht unbedingt an unseren Ideen oder daran, dass wir als Person „falsch" sind. Vielmehr ist unsere Menschenkenntnis begrenzt und wir kommen mit unserem bisherigen Wissen nicht weiter. Unser Denk- und Verhaltensrepertoire reicht nicht aus, Menschen in ihrer Vielfalt zu erfassen. Und tatsächlich ist und bleibt der Mensch sich selbst das größte Rätsel. Nichts ist uns bis heute so unbekannt wie unsere eigene Funktionsweise. Während wir die kompliziertesten Maschinen und Technologien erfunden haben und beherrschen, bleibt unsere Menschenkenntnis oft auf der Strecke. Seit Tausenden von Jahren forscht und doktert der Mensch in seinem Inneren herum und kann immer noch nicht glaubwürdig behaupten: Ich kann Menschen verstehen.

Dabei ist es für unser Überleben enorm wichtig, mit anderen Menschen klarzukommen, denn als soziale und voneinander abhängige Wesen sind wir auf dieser Erde alleine nicht – oder nur sehr eingeschränkt – überlebensfähig. Wir sind fest mit anderen Menschen verbunden, nicht nur mit unserer Familie oder mit unserem Partner, sondern auch mit Freunden, Kollegen, Bekannten, Kooperationspartnern, Mitarbeitern, Kunden, Lieferanten – die Liste ist sehr lang. Wann immer wir in lebenswichtigen Situationen – seien sie beruflicher oder privater Art – keinen Durchblick haben, beschäftigen wir uns intensiver mit der menschlichen Natur. Und oft stehen wir dann vor einem menschlichen Rätsel und fragen uns, wie diese Person hinter der Fassade eigentlich „tickt".

6.2 Es steckt mehr dahinter, als wir ahnen

Zu denken, alles was wir sehen und offensichtlich wahrnehmen können, sei bereits alles, wäre leichtsinnig. Sie kennen bestimmt das berühmte Eisberg-Modell, nach dem nur die Spitze des Eisbergs für uns sichtbar ist und ein viel mächtigerer Anteil unseren Augen verborgen bleibt. Was aber verborgen und unsichtbar ist, macht uns Angst. Und Angst ist ein ganz schlechter „Überzeugungskumpel".

Das Eisberg-Modell beruht auf dem „Strukturmodell der Psyche" von Sigmund Freud und wird oft in Zusammenhang mit verborgenen, unbewussten Anteilen unseres Wesens gebracht. Wir sind wie ein Eisberg: Unser Erscheinungsbild, unsere Worte, unsere Körpersprache und unser Verhalten sind nur ein sichtbares Resultat unserer komplexen und verborgenen psychischen Vorgänge – unserer Persönlichkeit. Im Verborgenen befinden sich unsere Selbstüberzeugungen, Einstellungen, Emotionen, Bedürfnisse, Wünsche, Erfahrungen, Antreiber, Motivation, Gedanken- und Verhaltensmuster und unsere Werte.

Um Menschen zu überzeugen, müssen wir wissen, was sie motiviert und in ihrem Inneren antreibt, wie sie also „innerlich ticken". Ebenso ist es wichtig zu erfahren, wo Menschen ihre Grenzen haben und welche Ideen sie abstoßend oder absolut unbrauchbar finden.

Unsere kommunikative und rhetorische Kompetenz hilft uns, unsere Ideen und Gedanken klar und verständlich auf den Punkt zu bringen. Deshalb sind unsere sprachlichen Fähigkeiten mit Sicherheit eine Hilfe, um eine Brücke zwischen uns und anderen Menschen zu bauen. Doch eines ist bereits im Vorfeld jeder Kommunikation viel wichtiger: zu erkennen, mit welchen Themen und auf welche Art wir unsere Mitmenschen individuell erreichen. Kein Mensch ist wie ein anderer und jede Überzeugung hat einen individuellen Charakter, eine eigene „Bedienungsanleitung".

6.3 Menschen sind psycho-logisch

Überzeugungsprozesse haben psychologische Hintergründe. Hier mehr Einsicht zu gewinnen kann uns helfen, mehr Licht ins Dunkel zu bringen und so schließlich in Überzeugungsprozessen sicherer und erfolgreicher zu werden. Oder anders gesagt: Wenn wir Menschen überzeugen wollen, müssen wir die ihnen eigene Logik entschlüsseln und verstehen, denn Menschen sind „psycho-logisch" und der Weg zur Überzeugung führt über die Psychologie.

Das Wort **Psychologie** setzt sich aus zwei griechischen Wörtern zusammen: aus **Psyché**, was so viel bedeutet wie „Seele" oder „Gemüt", und aus **Lógos**, was gleichbedeutend ist mit einem „Wort", aber auch mit „Lehre", „Sinn", „Rede", oder „Vernunft".

Psychologie ist im Allgemeinen also die Lehre vom menschlichen Gemüt und von der Seele bzw. dessen / deren Sprache.

Es gibt viele Ausrichtungen der Psychologie, wie zum Beispiel Wirtschaftspsychologie, Tiefenpsychologie, klinische Psychologie, Sozialpsychologie, Lernpsychologie, Entwicklungspsychologie, Verhaltenspsychologie, Persönlichkeits- oder Motivationspsychologie. Mag auch immer ein anderer thematischer Schwerpunkt im Fokus stehen, so haben alle diese psychologischen Ausrichtungen dennoch ein gemeinsames Ziel: Den Menschen in den Mittelpunkt zu stellen, um sein Denken, sein Fühlen und sein Verhalten besser verstehen oder voraussehen zu können.

Überzeugungspsychologie

Die Überzeugungspsychologie hat die Aufgabe, die psychologischen Prozesse und Interaktionen nach spezifischen in Überzeugungsprozessen relevanten Merkmalen zu untersuchen. Sie vereint mehrere thematische Schwerpunkte, die ihren Ursprung in der wissenschaftlichen Psychologie haben: in der Verhaltens-, Motivations-, Persönlichkeits-, Sozial- und in der Tiefenpsychologie. Hinzu kommen noch Erkenntnisse aus der Neurowissenschaft, dem Neuromarketing, der Kommunikation und der klassischen Rhetorik.

Die Psychologie der Überzeugung ist also ein Potpourri aus relevanten psychologischen Erkenntnissen, das sich leicht und praktisch im Alltag einsetzen lässt, um mehr fundierte Menschenkenntnis zu erlangen – mit dem Zweck, die eigene Überzeugungswirkung zu steigern. Überzeugungspsychologie findet in den Bereichen Führung, Verkauf, Marketing, Medien, Politik, Coaching, Therapie, aber auch im Privatleben Anwendung.

In den nächsten Kapiteln werden Sie erfahren, durch welche psychologischen Erkenntnisse Sie Ihre Wirksamkeit in Überzeugungsprozessen erhöhen können. Durch die vermittelten Inhalte können Sie auf alle Fälle einen besseren Blick für bestimmte Situationen und Menschen bekommen. In welcher Form und wie weitgehend Sie die Informationen darüber hinausgehend in Ihren Alltag integrieren wollen, bleibt Ihnen selbst überlassen.

7. Überzeugung und Tiefenpsychologie

Der Mensch ist ein „hungriges Wesen“, das von seinen Trieben, Wünschen und Bedürfnissen gesteuert wird. Die treibende Dynamik der Psyche hat viele Gesichter: Manche sind proaktiv, manche hemmend und manche lösungsorientiert. Der Vater der Tiefenpsychologie, der Psychoanalytiker Sigmund Freud, hat dies in seinem dreiteiligen Modell der Psyche sehr gut dargestellt. Um sein psychologisches Modell besser zu verstehen, möchte ich Ihnen eine Geschichte von drei Brüdern erzählen:

> Eines Tages erblickte der kleine Rebell das Licht der Welt. Er wurde als erster Sohn der Familie Lebensfroh geboren. Mama Lebensfroh war eine bodenständige Frau, die ihre Mitmenschen vor allem mit ihren Kochkünsten begeisterte. Nichts war ihr wichtiger als das leibliche Wohl ihrer Lieben. Mit ihren Eigenschaften ergänzte sie hervorragend Papa Lebensfroh, der ein kluger aber manchmal sehr strenger Mann war. Er widmete sein Leben der emotionalen Gesundheit der Menschen und half ihnen als Psychologe und Arzt, ihre Probleme zu überwinden und glücklicher zu werden.
>
> Als der kleine Rebell auf die Welt kam, eroberte er sofort die Herzen seiner Eltern. Er war ein kleiner Sonnenschein – lustig, neugierig, hungrig, verspielt, verschmust und sehr, sehr aktiv. Ständig hielt er seine Eltern auf Trab, und nur wenn er schlief, hatten sie etwas Ruhe vor ihm. Kaum aufgewacht, wollte er schon wieder essen, trinken, spielen; mal war ihm zu kalt, mal zu warm, mal zu langweilig – ganz schön anspruchsvoll, der Kleine. Seine Mutter war stets bemüht, seine Wünsche bedingungslos zu erfüllen, denn war das einmal nicht der Fall, konnte der kleine Rebell auch anders. Er verwandelte sich dann nämlich in eine Furie. Mit Schreien, Toben und Weinen hatte er seine weichherzige Mutter die ersten paar Jahre ganz gut im Griff: Immer bekam er sofort alles, was er wollte, und lebte wie im Paradies.
>
> Papa Lebensfroh überließ der Mama die Erziehung des Erstlings und schaltete sich erst intensiver in das Familienleben ein, als der zweite Sohn auf die Welt kam – der kleine Prediger. Oh je – die unbekümmerten Tage waren vorbei, das spürte der kleine Rebell ganz intuitiv. Während er ganz Mamas Sohn war, kam der Prediger nach dem Papa: streng, ordnungsliebend, diszipliniert, verantwortungsvoll, dreimalklug. Schon im ganz frühen Alter wusste der Prediger, warum sich der kleine Rebell zusammenreißen sollte, und ging diesem damit

mächtig auf die Nerven. „Tu nicht dies", „Tu nicht jenes", „Warte ein bisschen", „Das macht man nicht", „Was sagen die anderen dazu", „Du blamierst uns" – ständig kamen solche Aussagen vom kleinen Prediger, der alles genau beobachtete und den kleinen Rebell auf seinem Weg meistens bremste. Selbstverständlich gab es immer wieder Machtkämpfe zwischen den Brüdern. Manchmal setzte sich der Rebell durch und manchmal der Prediger, aber selten waren sie sich in einer Sache einig. Der Rebell warf dem Prediger Langweile, Vorsicht und Angst vor und der Prediger rügte den Rebell, indem er ihn egoistisch, primitiv und peinlich nannte. Der Rebell tobte in diesen Momenten, warf sich auf den Boden, schrie wie am Spieß und wurde manchmal ganz schön böse. Der Prediger versteckte sich in seinem Zimmer, bekam heftige Kopfschmerzen, war beleidigt und schämte sich für seinen Bruder. „Wenn das so weitergeht, dann werde ich noch schwer krank", dachte er manchmal.

Doch die Geschichte bekam eine glückliche Wendung, als der Familie Lebensfroh der dritte Sohn geboren wurde, der kleine Manager. Das war ein Segen für die ganze Familie, denn der kleine Manager verfügte von Geburt an über viel Verständnis, Kreativität, Geduld und Intelligenz. Und obwohl er der jüngste Sohn war, musste er wegen seiner hervorragenden Eigenschaften im Laufe seiner Kindheit und Jugendzeit immer wieder zwischen seinen älteren Brüdern vermitteln. Da er seine Brüder sehr liebte, lernte er mit der Zeit immer besser, die beiden miteinander zu versöhnen. Er wusste, dass beide nicht wirklich aufeinander böse, sondern einfach von Grund auf verschieden waren.

Der kleine Manager hatte wirklich keine leichte Aufgabe und erkannte, dass er, wenn es mal wieder krachte, seinen Brüdern viel Aufmerksamkeit schenken und gut zuhören musste, bevor er eine Lösung finden konnte. Der kleine Rebell wollte immer alles sofort und um jeden Preis haben, ohne Rücksicht auf Verluste. Der Prediger nahm viel zu viel Rücksicht auf den anderen und philosophierte um den heißen Brei herum, und der Manager übernahm zum Schluss mit viel Geschick und Feingefühl meistens die Führung und zeigte den anderen, wo es langging.

Papa und Mama Lebensfroh liebten ihre drei Söhne sehr und waren dennoch ein bisschen erleichtert, als sie endlich von zu Hause auszogen und sich gemeinsam auf die Lebensreise begaben. Mittlerweile waren Rebell, Prediger und Manager so eng miteinander verbunden, dass sie nicht anders konnten, als gemeinsam durchs Leben zu gehen, insbesondere deshalb, weil sie erkannt hatten, dass sie nur so die großen Aufgaben des Lebens bewältigen konnten. Sie waren fest entschlossen, sich im Leben durchzusetzen und erfolgreich zu sein, obwohl sie keine Ahnung hatten, wie sie das erreichen sollten.

Na, liebe Leser? Haben Sie auch schon die Bekanntschaft der drei Brüder gemacht? Kennen auch Sie das Chaos der Forderungen und Wünsche, die in uns allen toben? Die ganze Bandbreite zwischen lustig und todernst, egoistisch und rücksichtsvoll, leichtsinnig und anspruchsvoll – das alles sind Sie und ich, lieber Leser. Ich gebe zu, wir Menschen sind sehr komplex und schwer zu durchschauen. Daher brauchen wir eine Struktur, die uns hilft, uns selbst und auch andere besser zu verstehen.

7.1 Sigmund Freud und die drei Brüder

Die wissenschaftlichen Hintergründe der Tiefenpsychologie geben uns die Orientierung, die unbewussten Triebe unserer Persönlichkeit zu erkennen: Demnach tragen wir alle diese drei Brüder in uns, die uns unser ganzes Leben lang begleiten und uns befähigen, unseren individuellen und persönlichen Erfolgsweg zu gehen.

Der Psychoanalytiker Sigmund Freud entwickelte eine Persönlichkeitstheorie, in der er die dynamische Struktur der menschlichen Psyche sehr anschaulich darstellte. Gemäß seinen Beobachtungen wird unsere Persönlichkeit aus drei verschiedenen Persönlichkeitsanteilen gebildet, die verschiedenen Bewusstseinsregionen zugeteilt werden: Das Es (Rebell), das Über-Ich (Prediger) und das Ich (Manager).

Während das triebhafte Es und das moralische Über-Ich der unbewussten Steuerung unterliegen, besitzt das Ich als einziger Persönlichkeitsanteil die Fähigkeit, unbewusste Inhalte zu reflektieren und darauf basierend bewusste und rationale Entscheidungen zu treffen. In der Psychologie wird dazu oft der Begriff der „Selbststeuerung" oder der „Selbstregulation" verwendet. In heutiger Zeit reden wir gerne auch vom „Selbstmanagement" oder von der „Lösungskompetenz".

Viele Wissenschaftler sind sich heute einig, dass wir sehr stark vom Unterbewusstsein gesteuert werden und ganz wenige Entscheidungen bewusst und rational treffen. Wer Menschen verstehen möchte, kommt nicht darum herum, sich mit den unbewussten Anteilen der Persönlichkeit zu beschäftigen. Daher ist es wichtig, diese unbewussten Anteile zu reflektieren und zu erforschen, um überhaupt zu wissen, was Menschen antreibt, um sie sowohl auf der bewussten als auch auf der unbewussten

Ebene verstehen und überzeugen zu können. Im Hinblick auf Überzeugung und Einflussnahme haben diese drei Persönlichkeitsanteile unterschiedliche Bedeutung.

7.2 Der Rebell – der genussvoll-leichtsinnige Egozentriker

Das rebellische **Es** ist nach Freud unsere angeborene, unbewusste, triebhafte Instanz, die wir in gleicher Form auch bei Tieren vorfinden. Diese Instanz setzt unglaubliche Energien in uns frei, denn sie ist unmittelbar mit unserem Überlebensinstinkt verbunden. Wir sprechen dabei von triebhaften Energien und Bedürfnissen in uns Menschen. Das Es handelt unbewusst, ungefiltert und instinktiv nach zwei Prinzipien: Eros – der Lebenstrieb oder das Lustprinzip, und Thanatos – der Todestrieb oder das Destruktionsprinzip. Wie Sie gleich erfahren werden, spielen diese beiden Prinzipien in Überzeugungsprozessen eine entscheidende Rolle.

Das Lustprinzip

Das Lustprinzip ist das Prinzip des Lebens und des Überlebens, der Entwicklung, des Genusses, der emotionalen und körperlichen Befriedigung, des Sexualtriebs und der Expansion. Durch dieses Prinzip werden wir angetrieben und motiviert, verschiedene Handlungen auszuführen, wie zum Beispiel neue Menschen kennenzulernen, einen Lebenspartner zu suchen, neue Aufgaben im Job zu übernehmen, verschiedene Konsumgüter zu kaufen oder ein schönes Haus zu bauen. Das Lustprinzip schreit nach Befriedigung der Bedürfnisse, ist egoistisch und gnadenlos und funktioniert nach dem Motto: „Ich möchte es haben, und zwar sofort!" Bei kleinen Kindern ist es sehr leicht zu erkennen, denn sie behaupten sich mit absoluter Selbstüberzeugung gegenüber ihrer

Umwelt zwecks unmittelbarer Befriedigung ihrer Grundbedürfnisse – und das ohne jegliche Rücksicht auf Machbarkeit.

Das Destruktionsprinzip

Als Gegenpol zum Lustprinzip existiert im Es auch das destruktive Prinzip, das uns zu zerstörerischen Handlungen veranlasst, meistens dann, wenn es für uns gefährlich wird, aber auch, wenn wir beispielsweise in unserem Expansionstrieb durch Konkurrenz gebremst werden oder wenn wir keine Möglichkeit sehen, unser Lustprinzip zu verwirklichen. Die aus diesem Prinzip resultierenden Handlungen zeigen sich zum Beispiel in einem heftigen Streit, in Krieg, Mobbing, körperlicher oder psychischer Unterdrückung sowie in böswilliger Manipulation. Zerstörerische Absichten und Aggression können entweder auf äußere Objekte und andere Menschen zielen oder auf uns selbst gerichtet sein. Solche selbstzerstörerischen Tendenzen äußern sich zum Beispiel in Krankheit, Sucht oder Selbstsabotage durch Minderwertigkeitskomplexe. Auch dieses Prinzip können Sie bei kleinen Kindern sehr authentisch beobachten. Bestimmt waren Sie auch schon mal davon überrascht, welch hohes Aggressionspotenzial Kinder zeigen, wenn sie nicht sofort das bekommen, was sie wollen, zum Beispiel beim Einkauf im Supermarkt. Sie werfen sich auf den Boden, schreien, weinen, werden laut, trotzig und ungehalten.

Aus überzeugungspsychologischer Sicht behauptet sich der Rebell in uns mit dem Satz: **„Ich will meinen Vorteil, und zwar sofort, ohne Rücksicht auf andere!“**

Wenn es darum geht, Menschen zu überzeugen, stellt er sich vor allem die Frage: „**Was** will ich erreichen?“

7.3 Der Prediger – der moralisierende Kritiker

Das **Über-Ich** bzw. der Prediger in uns ist ein psychischer Anteil, der nicht angeboren, sondern sehr früh durch Erziehung und äußere Einflüsse der sozialen Umgebung bis zum fünften Lebensjahr erworben wurde und somit tief und unbewusst in der Psyche in Form von tiefen Selbstüberzeugungen verankert ist.

Der moralische Filter

Diese psychische Instanz repräsentiert unsere Wertvorstellungen, moralischen Prinzipien und Selbstüberzeugungen und stellt eine moralisch-ethische Art des Verantwortungsbewusstseins dar. Im Vergleich zum dynamischen und triebhaften Es-Prinzip, das alles und sofort haben möchte, wirkt das Über-Ich eher wie eine moralische Bremse, filtert die Antriebe mit einem anerzogenen Bewertungssystem und fordert ein Ausführungsverbot, wenn die Ansprüche aus dem ES nicht moralisch vertretbar sind. Wir sprechen heute von einer Sozialisation des Menschen, der im Einklang mit der Gesellschaft leben möchte.

Das Über-Ich ist ebenso bemüht, positive Erfahrungen zu erzeugen, nur etwas raffinierter als das Es. Es geht hier um Gefühle wie Stolz, Anerkennung, Selbstzufriedenheit oder Gerechtigkeit. Dem anspruchsvollen Über-Ich reicht es nicht, etwas um jeden Preis zu erreichen, sondern es möchte etwas im Gleichgewicht mit seiner sozialen Umwelt erreichen. Vereinfacht ausgedrückt: Es braucht Ergebnisse, die „umweltverträglich" sind und für deren Erfüllung keine „Leichen" erforderlich sind.

Der blockierende Zensor

Andererseits können die übertriebenen und perfektionistischen Ansprüche aus dem Über-Ich die Lebensenergie blockieren, indem jeglicher Tatendrang zensiert wird, weil er sozial inakzeptabel scheint. In dem Fall richtet sich die aggressive und expansive Energie aus dem Es gegen die eigene Person und endet im schlimmsten Fall in einer Depression. Schuldgefühle, Selbstvorwürfe und irrationale Selbstüberzeugungen wie: „Ich bin nicht gut genug", „Das macht man nicht", „Ich darf das nicht" und „Pfui!" können jegliche Handlung und Überzeugung im Kern ersticken.

In welchem Ausmaß der moralisierende Prediger die Macht über den egozentrischen Rebellen hat, wird in der frühkindlichen Erziehung festgelegt. Nicht nur die Wert- und Moralvorstellungen der Eltern, sondern auch die sozialen und religiösen Einflüsse spielen dabei eine entscheidende Rolle. Im Laufe seines Lebens erkennt jeder Mensch für sich selbst, was wirklich „sündhaft" oder „verkehrt" ist, denn durch Bewusstwerdung können die Glaubenssätze aus dem manchmal sehr anspruchsvollen Über-Ich neu definiert werden. Zum Beispiel in einem Coaching-Prozess oder einem psychologischen Gespräch können sie verändert werden und es können Wege gefunden werden, sie gesünder auszuleben.

> Aus überzeugungspsychologischer Sicht stellt sich der moralisierende Prediger die Frage: **„Mit welchen Nachteilen muss ich bei Erfüllung meiner Wünsche rechnen?"**
>
> In Überzeugungsprozessen geht es ihm vor allem darum, **wie** er etwas erreichen möchte.

7.4 Der Manager – der überlegte Vermittler und Entscheider

Es ist leicht nachzuvollziehen, dass es zwischen dem Rebellen und dem Prediger des Öfteren kracht, denn diese psychischen Giganten wollen selten das Gleiche, meistens das Gegenteilige. Wenn zwei sich streiten und nicht von selbst auf eine Lösung kommen, muss ein Vermittler her: das **Ich**.

Welche Aufgabe hat nun das Ich in unserer Psyche? Es soll die ungebremste Triebkraft und Energie aus dem Es auf eine vernünftige und moralisch vertretbare Weise zum Ausdruck zu bringen. Das Ich vermittelt nach dem Motto: „Die größtmögliche Vermeidung von Schmerz und die größtmögliche Erreichung des Lustgewinns im Einklang mit der sozialen Umgebung." Je stärker die triebhafte Energie und je strenger die moralischen Vorschriften, umso anspruchsvoller die Aufgabe.

Das Ich ist sehr praktisch orientiert, kreativ und schlau und findet individuelle Wege und Lösungen; im Idealfall funktioniert es wie ein gut organisierter Selbstmanager. Es arbeitet manchmal instinktiv, d.h. unbewusst, und manchmal rational, d.h. bewusst. Am leichtesten können Sie das Ich mit unserer Zunge im Mund vergleichen: Sie schafft es beim Sprechen und Kauen, sich neben vielen Zähnen mühelos zu bewegen, ohne dabei verletzt zu werden.

Je nachdem, welche psychische Instanz in uns stärker ausgeprägt ist, agieren wir eher rebellisch und egoistisch oder zurückhaltend, moralisierend und vorsichtig. Dabei geht es nicht darum, ob es ein Richtig oder ein Falsch gibt, sondern eher, ob wir mit uns selbst und unserer Umwelt zufrieden sind und in welchem Ausmaß wir persönliches Glück empfinden können. Je bewusster und reflektierter wir unsere Wertvorstellungen, Bedürfnisse, Entscheidungen und Verhaltensweisen wahrnehmen, umso besser können wir für uns sorgen und ein harmonisches Leben führen.

Die Hierarchie der Bedürfnisse wird nach Wichtigkeit und nach praktikablem Nutzen durch unser Selbstmanagement überprüft. Aus überzeugungspsychologischer Sicht behauptet sich der Manager mit folgender Überzeugung: **„Welche Strategie ist in diesem Fall die vernünftigste und warum ist mir das gerade wichtig?"**

Der Manager stellt sich im Überzeugungsprozess drei Fragen: **Was** er erreichen möchte, **wie** er das erreichen möchte und auch, **warum** er das erreichen möchte.

7.5 Wer treibt uns an?

Die drei oben beschriebenen Akteure sind fester Bestandteil unserer Gefühlswelt, Denkprozesse und Handlungen. Sie bestimmen unsere Selbstüberzeugungen und Werte. Wer von den dreien was, wann und wie viel zu sagen hat, das formt auf Dauer unseren Charakter, unsere Eitelkeit und unsere Persönlichkeit.

Jeder Mensch hat irgendwo gleiche oder ähnliche Bedürfnisse, nur in unterschiedlicher Ausprägung und Wichtigkeit. So gleichen wir alle Mosaikbildern, die zwar aus Tausenden von Steinchen in gleicher Farbe und dennoch in komplett unterschiedlicher Zusammensetzung und Form gebaut sind. Ob wir als einmalige und individuelle Persönlichkeit forsch oder rücksichtsvoll, leichtsinnig oder vernünftig, flexibel oder starr sind – all das resultiert aus unserem inneren Trialog dieser drei Persönlichkeitsanteile.

Vielleicht kennen Sie Menschen, die den einen oder anderen Persönlichkeitsanteil sehr deutlich und überzogen ausleben und sich dadurch von anderen Menschen unterscheiden? Im Folgenden werden diese drei sehr unterschiedlichen Persönlichkeitstypen in ihrer äußersten Prägung vorgestellt.

7.6 Die Überzeugungsstrategie eines Rebellen

Der Persönlichkeitstyp mit einem starken triebhaften und rebellischen Anteil zeichnet sich durch seine Willenskraft aus, er agiert oft eigennützig und ordnet zwischenmenschliche Beziehungen seinen eigenen Vorteilen unter. Er holt sich auf dem kürzesten Weg das, was er braucht, und hat kaum Gewissensbisse, wenn andere dadurch zu kurz kommen. Auch wenn diese Person anfangs noch sehr charmant wirken kann, eckt sie bald sehr oft an, weil sie sich durch ihre Triebhaftigkeit und ihren Egoismus viele Feinde macht. Sie bekommt zwar, was sie will, macht sich aber auf Dauer sehr unbeliebt, was sie jedoch nicht wirklich aus der Fassung bringt. Auf ihrem Erfolgsweg gibt es nun mal Gewinner und Verlierer, daher steht sie lieber auf der Gewinnerseite.

Rebell-Persönlichkeiten haben trotz ihrer etwas kindischen und unreifen Persönlichkeitsstruktur viele positive Eigenschaften, die für die Überzeugungsprozesse vorteilhaft sind. Hierzu zählen eindeutig Begeisterungsfähigkeit, Ziel- und Ergebnisfokussierung und Durchsetzungsvermögen. Das Handeln, nicht das Denken, steht bei ihnen im Vordergrund. Die Motivation beruht auf Befriedigung eigener Bedürfnisse: Ein Rebell weiß immer, was er braucht und wo er sich das holen kann. In seiner extrovertierten Art erkennt er überall die Chancen, die seine Bedürfnisse befriedigen können. Um seine Ziele zu erreichen, kann er enorme Kräfte aktivieren, wenn er glaubt, dass er sich dadurch seine Vorteile verschaffen kann. Er strebt nach Konsum, Lust, Genuss und schnellen Erfolgserlebnissen. Aus dieser Perspektive betrachtet, ist der Rebell die treibende Kraft, die nicht lange diskutiert, sondern einfach das macht, was sie für nötig und vor allem für sich richtig hält.

Es gibt natürlich auch eine Kehrseite: Der starke egoistische Antrieb eines Rebell-Persönlichkeitstypus kann so weit gehen, dass wir es eher schon mit einem „Schlitzohr" zu tun haben. Er ist in der Lage zu tricksen, nur um seinen eigenen Willen durchzusetzen. Jemanden zu überreden oder auch unter Druck zu setzen ist ihm nicht fremd. Ebenso ist er ein schlechter Verlierer: Alles, was einem Rebellen im Weg steht, wird weggefegt. Es wird nicht um Erlaubnis gefragt, wenn es darum geht, ausschließlich im Sinne des eigenen Vorteils und anderen Nachteils zu handeln. Wenn Sie jetzt denken, diese unkultivierte Denkweise wäre unmöglich und unerhört und solche Menschen hätten in der Business-Welt nichts zu suchen, dann brauchen Sie sich nur umzuschauen. Sie werden feststellen, dass viele kultivierte und gut angezogene Menschen, die sogar hohe Positionen im Unternehmen belegen, einen starken egoistischen und rücksichtslosen Antrieb in sich haben. Möglicherweise ist dieser Eroberungs-, Macht- und Siegestrieb auch ein wichtiger Grund, um auf der Karriereleiter überhaupt voranzukommen.

In welchen Branchen finden wir Menschen, die einen starken Rebell-Persönlichkeitsanteil in sich haben? Wir finden sie vor allem dort, wo Durchsetzung, Eroberung, Sieg und Wettbewerb an der Tagesordnung sind. Das kann im Leistungssport sein, aber auch im Verkauf, Vertrieb oder Marketing. Auch im Handwerk werden wir oft einen Rebellen antreffen, da ihm sichtbare Ergebnisse enorm wichtig sind. Unter den positiven Eigenschaften des Rebell-Persönlichkeitstyps finden wir Bezeichnungen wie: energiegeladen, dynamisch und proaktiv. Auf der negativen Seite stehen: dreist, frech oder egoistisch.

Wie erkennen Sie einen Rebell-Persönlichkeitstyp?

Dieser Persönlichkeitstyp ist eher extrovertiert, spricht sehr oft in „Ich-Form", erzählt gerne von eigenen Zielen und Vorhaben und interessiert sich nur selektiv für andere, und zwar immer dann, wenn er einen eigenen Vorteil daraus ziehen kann. Er hebt gerne seine eigenen Leistungen hervor, wobei er gerne mal übertreibt. Er ist euphorisch, emotional und offen für schnelle gewinnbringende Geschäfte und kurzfristige Erfolgserlebnisse. Manche feinfühligere Menschen im Umfeld bezeichnen ihn als peinlich, aufgrund mangelnder Empathie und mangelnden Taktgefühls und weil er sich wie ein „Elefant im Porzellanladen" aufführt.

7.7 Die Überzeugungsstrategie eines Predigers

Dieser Persönlichkeitstyp macht es sich nicht so leicht im Leben wie die Rebell-Persönlichkeit. Die Prediger-Persönlichkeit ist sehr nachdenklich, überlegt sehr viel und wiegt viele Argumente ab, bevor sie handelt. Zum Teil verfällt sie sogar in einen Grübelzwang und kann sehr schwer Entscheidungen treffen – aus Angst, etwas Falsches zu machen.

Die starke Ausprägung des moralischen Beobachters bremst vielerlei Handlungen und hemmt den Antrieb. Das Gute daran ist: Wenn Menschen mit starken Prediger-Anteilen einmal eine Entscheidung getroffen haben, werden sie sie selten bereuen, denn sie wurde im Vorfeld gründlich überprüft. Im extremen Fall wirken solche Menschen manchmal unzufrieden und frustriert, weil sie sich wenig Genuss erlauben. Sie sind schwer zu überzeugen und werden oft von Selbstzweifeln geprägt. Ihre komplizierte Art veranlasst uns oft, sie als schwierig zu bezeichnen. Ihre Durchsetzungskraft bleibt häufig auf der Strecke, weil sie die meiste Energie auf das Denken anstatt auf das Handeln aufwenden. Die übermäßige Vorsicht und die Rücksicht auf andere sind sogar kontraproduktiv, wenn es darum geht, andere Menschen von eigenen Ideen zu überzeugen.

Die Risikoscheue und die hohe moralische Prägung machen diesen Persönlichkeits-Typ zu einem empathischen Menschen und zu einem loyalen Beziehungsmenschen, der aber zu wenig für eigene Ziele oder Bedürfnisse sorgt.

Menschen mit einem starken Prediger-Persönlichkeitsanteil finden wir eher in den intellektuellen Berufen, wo sie ihre Tiefsinnigkeit und ihre Gewissenhaftigkeit mit guten Ergebnissen ausleben können. Oft sind diese Menschen eher leise und in sich gekehrt und suchen sich Gesprächspartner aus, die ihre Sensibilität zu schätzen wissen und die sich etwas mehr Zeit nehmen, um sie als Mensch in ihrer Vielfalt zu erfassen. Während der Rebell-Persönlichkeitstyp nach dem Motto handelt: „Wer zuerst kommt, mahlt zuerst“, stellt sich der Prediger-Persönlichkeitstyp viel mehr der Herausforderung: „Nicht höher, schneller, lauter, sondern qualitativ besser und sozial verträglicher“ zu sein. Gerade diese

Form der Persönlichkeitsprägung hat im Lauf unserer Geschichte dazu beigetragen, neue wissenschaftliche Erkenntnisse, Innovationen, medizinischen Fortschritt, Kunstwerke, Philosophie, Literatur und Bewusstsein über unsere soziale Verantwortung, Rücksicht und Menschenliebe hervorzubringen.

Die Prediger-Persönlichkeitsanteile in uns sorgen dafür, dass wir uns nicht nur kurzfristig, sondern auch langfristig mit unserem Leben beschäftigen und überlegen, welche nachhaltigen Vorteile wir in unserem Handeln nicht nur uns selbst, sondern auch anderen Menschen verschaffen können. Der angeborene Beschützer-Instinkt in uns, der aus diesem Persönlichkeitsanteil gewachsen ist, lässt uns darüber nachdenken, in welcher Welt wir morgen leben könnten. Im Optimalfall ist dieser Persönlichkeitstyp ehrlich, vertrauenswürdig, loyal und feinfühlig, in seiner negativen Ausprägung ein Grübler, Prinzipienreiter, Theoretiker und ein frustrierter Weltverbesserer, dem die Handlungskompetenz fehlt.

Wie erkennen Sie einen Prediger-Persönlichkeitstyp?

Dieser Typ ist nachdenklich, hört eher zu und spricht nur dann, wenn er auch etwas zu sagen hat. Seine Argumente sind gut durchdacht, schlüssig und haben ein festes Fundament. Er hat kein Interesse an der Methode „Anhauen, umhauen, abhauen", sondern bevorzugt ausgiebige Dialoge. Er achtet auf Details, betrachtet eine Idee aus unterschiedlichen Perspektiven und wiegt sorgsam Vor- und Nachteile gegeneinander ab. Durch seinen hohen perfektionistischen Anspruch ist er oft zaghaft und unentschlossen. Dieser Persönlichkeitstyp ist eher intellektuell als emotional, er ist vorsichtig und bereit, in seiner Argumentation nicht nur überschwänglich über die Vorteile seiner Idee, sondern auch über deren Nachteile zu sprechen.

Schnelle Eroberungen und moralisch fragwürdige Geschäfte sind ihm ein Graus. Anstatt mit jedem Geschäfte zu machen, setzt er auf Qualität, sucht sich seine Geschäftspartner sehr sorgfältig aus und setzt auf langfristige Beziehungen, die vor allem durch das gegenseitige Vertrauen gekennzeichnet sind. Wir finden den Prediger-Persönlichkeitstypen oft in den Berufen, die eine hohe Präzision, Nachhaltigkeit und Planung voraussetzen. Das können zum Beispiel Architekten, Schriftsteller, Lehrer, Ingenieure, Wissenschaftler, Ärzte oder Steuerberater sein. Er handelt und überzeugt nach dem Motto: „Vertrauen und Qualität sind entscheidend."

7.8 Die Überzeugungsstrategie eines Managers

Wir haben ständig die Qual der Wahl: zwischen Egoismus und Altruismus, zwischen Handeln und Denken und zwischen Quantität und Qualität. Welche Entscheidung in welchem Moment richtig ist, das lernen wir nur aus der Erfahrung. Es gibt keine falschen Entscheidungen, sondern Entscheidungen, die mit unterschiedlichen Konsequenzen verbunden sind. Eine reife Entscheidung zu treffen bedeutet, die Konsequenzen dieser Entscheidung vorauszusehen und dafür die Verantwortung zu übernehmen.

Ausgeglichene, verantwortungsvolle Menschen mit gutem Selbstmanagement schaffen es, sowohl ihre Triebhaftigkeit und ihren Egoismus als auch die moral-ethischen Regeln in sich konstruktiv zu vereinbaren, und handeln flexibel, je nachdem, in welcher Situation sie sich gerade befinden und welche Ziele sie gerade verfolgen. Sie nutzen sowohl ihre rohe, treibende Kraft des Rebellen als auch die moralische Instanz des Predigers, um für sich die bestmöglichen Resultate zu erzielen, die sie auch mit ihrem Gewissen vereinbaren können.

In Überzeugungsprozessen behauptet sich der innere Manager mit seiner Vielfältigkeit, mit Empathie, Feingefühl und Kreativität. Er ist bereit zu lernen, zu differenzieren, Neues auszuprobieren, Altes und Unbrauchbares hinter sich zu lassen und einen individuellen Erfolgsweg zu gehen. Der innere Manager wiegt im Optimalfall bewusst Vor- und Nachteile ab und stellt sich der Aufgabe, bei unterschiedlichsten Anforderungen die beste Lösung für alle Beteiligten zu finden. Er benutzt seine Intelligenz und Lernfähigkeit nicht nur, um kurzfristige Erfolge zu erzielen, denn das ist ihm schlicht zu wenig. Der Manager agiert wie ein exzellenter Liebhaber: In einem Liebesspiel geht es für ihn nicht nur darum, seine eigenen egoistischen Bedürfnisse auf dem schnellsten Weg zu befriedigen, sondern er achtet auf die Lust und Befriedigung seines Partners und genießt die Vorteile eines ideenreichen gemeinsamen Spiels. Dadurch verschafft er sich und seinem Partner die Aussicht auf viele weitere lustvolle Stunden, die beide Partner glücklich machen.

Auch wenn Ihnen dieser Vergleich im Hinblick auf Überzeugung etwas fremd vorkommt, geht es genau darum: Zwischen „Ich" und „Du" eine „Wir"-Verbindung zu erschaffen, die so gut funktioniert, dass sich dadurch die langfristigen Vorteile für beide Partner um ein Mehrfaches multiplizieren.

Der Manager in uns ist proaktiv, handelt aber aus gründlicher Überlegung heraus. Er sucht nach eigenen Vorteilen, aber nicht um jeden Preis. Er macht nicht alles, was er kann, wenn er zu der Erkenntnis kommt, dass es langfristig schädlich ist. Er besitzt Selbstdisziplin und trägt die Verantwortung für seine eigenen Handlungen. Seine Selbstüberzeugungen sind reflektiert, seine Werte klar und transparent. Ihm fällt es genauso leicht, ein „Ja" wie ein „Nein" auszusprechen, denn seine Begründung hat immer einen tieferen, individuellen Sinn. Er kann mit einem „Ja" genauso gut leben wie mit einem „Nein" und weiß, dass er nicht jeden überzeugen muss oder kann.

Seine Ecken und Kanten machen ihn zu einem charismatischen Menschen. Sein Charisma kommt aus der tiefen Selbstreflexion, denn er weiß, wer er ist und was er kann oder was er nicht kann. Seine Selbsteinschätzung ist realistisch. Er beobachtet aktuelle Strömungen, muss aber nicht überall mitmischen. Seine Souveränität und Glaubwürdigkeit wecken Vertrauen und Zuversicht. Er setzt seine Ziele durch, ohne verbrannte Erde zu hinterlassen, da ihm sein Ruf wichtig ist. Für seine Taten übernimmt er die hundertprozentige Verantwortung. Wenn Fehler passieren, lernt er daraus und entschuldigt sich aufrichtig, da er andere Menschen ebenso wie sich selbst respektiert.

Da der Manager-Persönlichkeitstyp gerne die Verantwortung übernimmt, begibt er sich bevorzugt in eine Führungsposition oder in eine Selbstständigkeit. Er ist gerne Unternehmer und Erschaffer, Erfinder und Wege-Ebner. Gerne übernimmt er die Leitungsfunktion, aber nur so lange, wie er seinen freien Handlungsraum hat und sich keinerlei Dogmen oder einer Gehirnwäsche „von oben" unterwerfen muss.

Wie erkennen Sie einen Manager-Persönlichkeitstyp?

Grundsätzlich: Solche Menschen gibt es nicht allzu häufig. Da dieser Typ sich großen Herausforderungen stellt und nicht den schnellsten oder bequemsten Weg wählt, gehört er nicht zur Kategorie „Durchschnitt". Sie erkennen einen Manager-Typ schon aufgrund seiner Ausstrahlung: Er ist selbstbewusst und vor allem gelassen; weder euphorisch noch zurückhaltend, sondern offen, interessiert und neugierig. Er behandelt Menschen mit Respekt und sucht nach gemeinsamen Interessen. Er verliert keine Zeit, ist dennoch bereit, sich für komplexe Themen, wenn sie zielführend sind, Zeit zu nehmen. Seine Argumentation ist praxisorientiert und erprobt. Er wird Sie nie mit seinem Angebot unter Druck setzen, sondern eher einen Dialog suchen, in dem alle Bedenken und Ängste besprochen werden können.

Ein Manager-Typ verfügt über eine gute Menschenkenntnis und sucht sich sowohl im Privat- als auch im Business-Bereich Menschen, die bereit sind, auf gleicher Ebene zu verhandeln. Er handelt und überzeugt nach dem Motto: „Geben und Nehmen im Sinne partnerschaftlicher Vorteile, und das auf Augenhöhe."

In der folgenden Grafik finden Sie die Eigenschaften der drei Persönlichkeitsanteile in uns, nach dem tiefenpsychologischen Überzeugungsmodell.

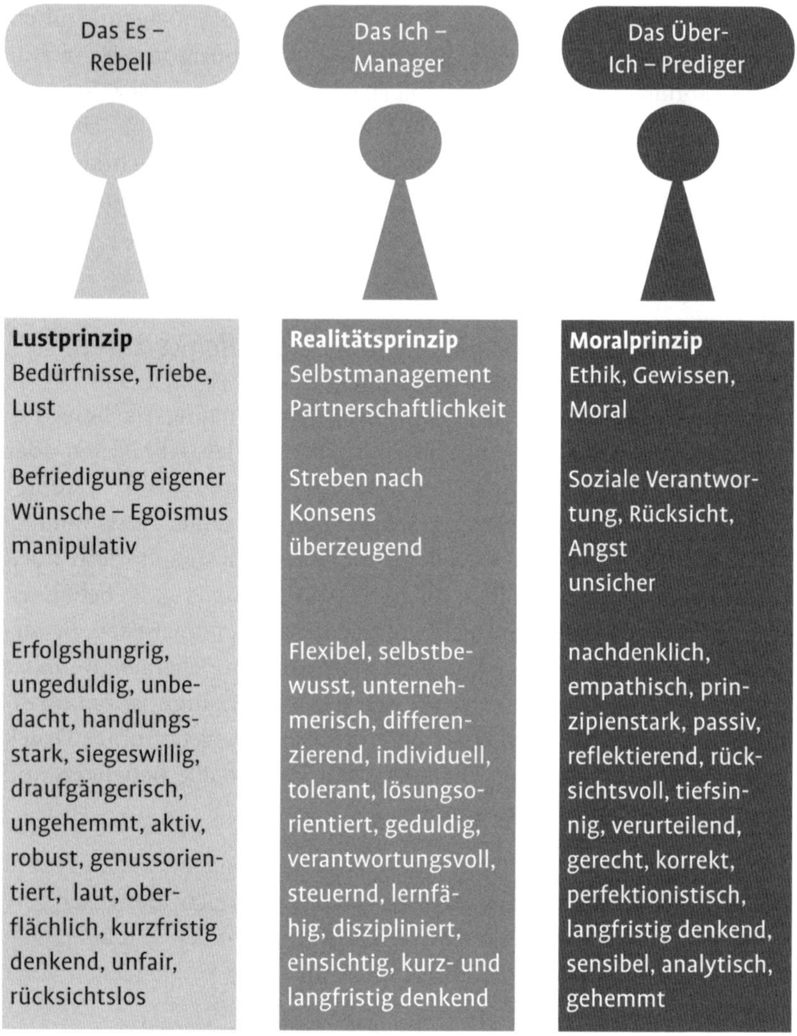

Abbildung 5: Tiefenpsychologisches Überzeugungsmodell

Bevor Sie weiterlesen ...

Bitte nehmen Sie sich kurz Zeit und lassen Sie uns überlegen, wie Sie tiefenpsychologische Grundlagen in Überzeugungsprozessen für sich nutzen können.

Eine wesentliche Erkenntnis für Sie ist, dass Menschen aus unterschiedlichen Antrieben handeln. Das heißt nicht, dass diese Antriebe gut oder schlecht sind, sie sind einfach anders. Es ist sehr sinnvoll, wenn Sie sich in diesem Kontext selbst unter die Lupe nehmen und Ihre eigenen Persönlichkeitsanteile analysieren. Nur wenn Sie diese Eigenschaften bei sich selbst erkennen, können Sie sie auch bei anderen ausmachen und wertschätzen. Wenn Sie z.B. manchem „Schlitzohr" auf den Leim gegangen sind, dann nur deshalb, weil Sie sich mit diesem Persönlichkeitsanteil in sich zu wenig auseinandergesetzt haben.

Folgende Fragen können Ihnen helfen, eine tiefere Erkenntnis über sich selbst zu gewinnen. Finden Sie heraus, welcher Persönlichkeitsanteil das Machtwort bei Ihnen spricht: Rebell, Prediger oder Manager.

- Wie wichtig ist es Ihnen, schnelle Erfolge zu erzielen?
- Wenn Sie etwas durchsetzen wollen, denken Sie über langfristige Konsequenzen nach?
- Wie betrachten Sie Ihre Partner: Stehen sie unter oder über Ihnen oder sehen Sie sie auf Augenhöhe?
- Wie oft haben Sie wichtige Informationen verschwiegen, um Ihre Angebote schmackhafter zu machen?
- Was halten Sie von Menschen, die sehr kritisch oder analytisch sind?
- Wie schnell lassen Sie sich von „unglaublichen" Angeboten hinreißen?
- Orientieren Sie sich an Trends, die gerade aktuell sind?
- Was sind Sie alles bereit, für Geld zu machen?
- Sehen Sie sich oft auf dem Siegerpodest?
- Wie wichtig ist Ihnen die Harmonie mit Ihrer Umwelt?
- Zählt Geduld zu Ihren Stärken?
- Wie lange lassen Sie sich Zeit, bevor Sie eine Entscheidung treffen?
- Würden Sie sich selbst als Prinzipienreiter bezeichnen?
- Fühlen Sie sich oft frustriert, weil manche Menschen schneller sind als Sie?
- Regen Sie sich oft über die Dreistigkeit anderer Menschen auf?

- Fällt es Ihnen leicht, anderen Menschen zu vertrauen?
- Können Sie sowohl eigene Schwächen als auch die Schwächen anderer Menschen akzeptieren?
- Konzentrieren Sie sich eher auf Probleme oder auf Lösungen?
- Welche Menschen finden Sie charismatisch und warum?
- Wie möchten Sie selbst in Beziehungen (privat oder beruflich) behandelt werden?
- Was ist Ihnen wichtiger: Quantität oder Qualität?
- Wie lange dauern Ihre Beziehungen (privat oder beruflich) im Durchschnitt?
- Wie würden Ihre Bekannten oder Freunde Sie wohl einschätzen, im Hinblick auf die drei Persönlichkeitsanteile: Sind Sie eher für sie der Rebell, der Prediger oder der Manager?
- Wie würden Sie sich selbst einschätzen?
- Welche Vor- und welche Nachteile gewinnen Sie dadurch?
- Auf einer Skala von 0–10, als wie flexibel schätzen Sie sich selbst ein? (null = gar nicht, zehn = sehr flexibel)
- Auf einer Skala von 0–10, als wie lernfähig schätzen Sie sich selbst ein?
- Auf einer Skala von 0–10, als wie gut schätzen Sie Ihre Selbstmanagement-Qualitäten ein?
- Mit welchen Menschen arbeiten Sie am liebsten – mit einem Rebell-Persönlichkeitstyp, einem Prediger-Persönlichkeitstyp oder einem Manager-Persönlichkeitstyp?
- Welchen der drei können Sie am wenigsten leiden?

Erstellen Sie bitte nun aus Ihrer eigenen Einschätzung die prozentuelle Verteilung dieser drei Persönlichkeitsanteile in sich. Zu wie viel Prozent sind der Rebell, der Prediger und der Manager in Ihnen vorhanden?

8. Überzeugung und Motivationspsychologie

Sie haben im vorhergehenden Kapitel erfahren, welche unbewussten Antriebe und Persönlichkeitsanteile in uns schlummern. Sie sind ein Resultat unserer Bedürfnisse, die erfüllt werden wollen und die uns zu Handlungen antreiben. Aus diesen Handlungen ziehen wir einen persönlichen Nutzen, der wiederum unsere Bedürfnisse befriedigt.

Aus Sicht der Motivationspsychologie sind wir Menschen nur dann bereit, etwas zu tun, wenn wir einen Vorteil davon haben. Es geht nicht nur darum, sich unterschiedliche Wünsche zu erfüllen, sondern aus jedem Handeln einen persönlichen Nutzen zu erzielen. Auch wenn wir uns für andere Menschen ehrenamtlich engagieren oder einem obdachlosen Menschen Geld spenden, tun wir es nicht aus purem Altruismus heraus und Fürsorge für den anderen, sondern vor allem für uns selbst. Besser gesagt, für unser gutes Gefühl, das sich dahinter verbirgt.

Da es im Überzeugungsprozess darum geht, Menschen zu aktivieren, sich einer Meinung anzuschließen oder in einer von uns gewünschten Richtung zu handeln, ist es sinnvoll zu erkennen, welche motivationalen Wirkfaktoren einen Überzeugungsprozess erleichtern oder verhindern.

Wir werden uns in diesem Kapitel mit den Fragen befassen, aus welchen Bedürfnissen heraus Menschen zu Handlungen motiviert werden und wie wir das mit einem konkreten Nutzen verbinden können, sodass wir mit unseren Angeboten nachhaltig überzeugen.

8.1 Was sind Bedürfnisse?

Bedürfnisse sind tatsächliche oder subjektiv empfundene Mangelzustände, die nach einer Erfüllung oder Befriedigung streben. Sie zeichnen sich durch einen unausgeglichenen Zustand aus und streben nach Ausgleich und Gleichgewicht, es besteht also ein Bedarf. Bedürfnisse sind innere Antreiber, die sich nach einem Grundprinzip kategorisieren lassen: weg von unangenehmen und hin zu angenehmen Gefühlen. Oder: Vermeidung von Schmerz und Streben nach Glück. Emotional gesehen steht auf der einen Seite ein unangenehmes Gefühl der Anspannung, das sich mit der Befriedigung des Bedürfnisses in ein angenehmes Gefühl der Erleichterung verwandelt.

Die Forschungsergebnisse der Neurowissenschaft und der Emotionspsychologie haben bewiesen, dass bei der Befriedigung von Bedürfnissen unser Belohnungssystem im Gehirn, genauer im limbischen System, aktiviert wird. Bei unbefriedigten Bedürfnissen entsteht im Körper eine Anspannung, die durch Stresshormone wie Cortisol verursacht wird und die wir als Stress wahrnehmen. Bei der Befriedigung von Bedürfnissen sorgen Botenstoffe und Neurotransmitter wie Dopamin, Noradrenalin, Serotonin und Endorphin für die kleinen Momente der Euphorie, die uns glücklich machen. Das ist der Grund, warum Menschen „süchtig" sind nach Erfolgserlebnissen jeglicher Art, sei es nach erledigter Hausarbeit, dem Genuss von Schokolade, gutem Sex, dem Kauf von neuen Schuhen, dem Abschluss eines neuen Auftrags oder einem Gewinn im Glücksspiel.

Überzeugungsarbeit zu leisten bedeutet, Menschen für eine Idee oder für ein Produkt zu gewinnen. Dabei ist es irrelevant, warum diese Idee für uns selbst als Anbieter nützlich ist. Unser Gegenüber stellt sich bei unserem Angebot zwei Fragen: „Wofür brauche ich das (Bedürfnis)? Was bringt es mir (Nutzen)?" Nur wenn er sinnvolle Antworten auf beide Fragen findet, wird er Interesse zeigen. Kann ihm unser Angebot tatsächlich einen brauchbaren Nutzen garantieren, wird er bereit sein zu handeln und sich von uns überzeugen zu lassen. Und hier müssen wir schon gute und nachvollziehbare Argumente vorbringen können. Das Interessante ist aber, dass am Ende nicht unsere Argumente, Zahlen, Daten und Fakten unser Gegenüber restlos überzeugen werden, sondern das emotionale Begleiterlebnis. Die Emotionalität spiegelt sich in der Vorfreude über die persönlichen Vorteile des Angebots wider. Sie sorgt im Gehirn für den entscheidenden Motivations-Kick, aus der

Überlegungsphase in die Handlungsphase zu kommen und dem Angebot zuzustimmen.

Nur, welche Bedürfnisse treiben die Menschen an, aktiv zu werden und Entscheidungen zu treffen, die sie glücklich machen? Lassen Sie uns dafür zunächst primäre und sekundäre Bedürfnisse anschauen und unterscheiden.

Primärbedürfnisse

Primäre Bedürfnisse sind angeboren und für das physische Überleben notwendig: das Bedürfnis nach Sauerstoff, Nahrung, Wasser, Licht, Schlaf, Wärme und Fortpflanzung. Eine Umgebung, die diese Rahmenbedingungen nicht erfüllen kann, ist lebensbedrohlich, weshalb man auch von primären Bedürfnissen oder Grundbedürfnissen spricht. Um diese Bedürfnisse zu befriedigen, bedarf es keiner besonderen Willenskraft. Der Körper reguliert sich unbewusst selbst und verlangt zu einem bestimmten Zeitpunkt nach Befriedigung. Dahinter verbirgt sich unser angeborener Überlebensinstinkt oder -trieb, den wir ebenso bei unseren tierischen Vorfahren bzw. Verwandten finden. Diese Bedürfnisse werden aus dem ältesten Teil des Gehirns heraus reguliert, dem Hirnstamm, auch „Reptilienhirn" genannt.

Sekundärbedürfnisse

Alle Bedürfnisse, die nicht auf das nackte physische Überleben ausgerichtet sind, nennt man sekundäre Bedürfnisse. Sie sind für Menschen ebenso überlebenswichtig, nur auf einer anderen Ebene. Es handelt sich um Bedürfnisse, die unsere geistige und seelische Existenz absichern und unser Leben lebenswert machen. Diese Bedürfnisse sind sowohl evolutionär bedingt als auch genetisch vererbt und durch die Erziehung erlernt. Sie werden aus dem „emotionalen Gehirn", dem limbischen

System heraus reguliert, welches sowohl mit dem Hirnstamm als auch mit dem Großhirn verbunden ist.

Sekundäre Bedürfnisse lassen sich grob in drei evolutionär bedingte Triebe unterteilen:

1. **Sichern und bewahren:** Darunter fallen Bedürfnisse nach materieller und sozialer Sicherheit, etwa zu sparen, sich abzusichern und zu horten. Aber auch Bedürfnisse nach Zugehörigkeit und Nähe, nach Freundschaft, enger Bindung an einen Partner und die Familie, nach Vertrauen, Liebe, Geborgenheit, Harmonie, Ausgeglichenheit, Ordnung, Gerechtigkeit etc.
2. **Entdecken und entwickeln:** Hierzu zählen die Bedürfnisse, etwas zu lernen und neue Erfahrungen zu machen, nach Spiel, Kreativität, Unterhaltung, Konsum, Genuss, Abwechslung, Freude, Selbstentfaltung, Individualität, Spiritualität etc.
3. **Beherrschen und erobern:** In diese Kategorie fallen Bedürfnisse nach Unabhängigkeit, Führung, Expansion, Dominanz, Macht, Eroberung, Kampf und Sieg, Abstand, Durchsetzung, Kontrolle, nach Status und sozialer Anerkennung etc.

Nicht alle Bedürfnisse sind bei jedem Menschen gleich stark vorhanden und nicht immer streben sie augenblicklich nach Erfüllung. Latent sind sie aber immer da und wechseln sich in der Priorität ab.

Manchmal stehen unsere Bedürfnisse in einem Konflikt zueinander, weil sie nicht gleichzeitig befriedigt werden können, wie zum Beispiel das Bedürfnis nach Harmonie und das nach Durchsetzung. Diesen Zustand nehmen wir als einen inneren Konflikt wahr. Auch in Verbindung zu anderen Menschen, in engen Beziehungen oder in sozialen Gruppen kommt es oft zu Konflikten, weil unterschiedliche Bedürfnisse nicht gleichzeitig erfüllt werden können. So gesehen kann jeglicher Konflikt gelöst werden, wenn ein Weg gefunden wird, der die Bedürfnisse aller Beteiligten ganz oder zumindest teilweise befriedigt.

8.2 Vom Bedürfnis zum Motiv

Extrinsische Motive

Unsere unbefriedigten Bedürfnisse treiben uns an, nach Möglichkeiten Ausschau zu halten, unseren Mangelzustand, also den aktuellen Bedarf, wieder auszugleichen. Liegen diese Möglichkeiten in unserem Umfeld, also außerhalb von uns selbst, bezeichnen wir sie als äußere Objekte oder **extrinsische Motive**. Und es gibt unzählige solcher „Objekte der Begierde“: ein neues Auto, neue Kleidung, eine Vereinsmitgliedschaft, eine neue Aufgabe im Unternehmen, der nächste Urlaub oder auch eine geliebte Person. Was für uns begehrenswert ist, das hängt von unseren Wünschen, persönlichen Interessen, Vorlieben, unserer Vorstellungskraft, unseren Werten und unserer aktuellen soziokulturellen Umgebung, kurz gesagt, von unseren Selbstüberzeugungen ab.

Intrinsische Motive

Neben den äußeren Objekten oder extrinsischen Motiven gibt es auch **intrinsische Motive** und die erlernten, uns zur Verfügung stehenden Fähigkeiten, unsere Bedürfnisse zu befriedigen. Beim Einsatz dieser Fähigkeiten entstehen eine Selbstzufriedenheit und Freude, eine Art Bestätigung, dass wir etwas können und wertvoll sind. Aus der inneren Motivation heraus entsteht unser Selbstwertgefühl. Am besten kann man das bei Kindern beobachten, die z.B. aus Legosteinen ein Haus bauen und stolz darauf sind, dass sie es geschafft haben.

Aus der breiten Vielfalt der intrinsischen Motive oder inneren Ressourcen sollen hier drei wesentliche Motive erwähnt werden, die mit unseren evolutionären Urinstinkten und den oben benannten Bedürfnissen verbunden sind. Aus jedem übergeordneten Motiv ergeben sich mehrere Untermotive, die dem Hauptmotiv dienen.

1. **Anschlussmotiv** (sichern, bewahren, integrieren, beschützen): Nach sozialem Anschluss streben und Zurückweisung vermeiden.

Dazu zählen: Kontaktfähigkeit, Kommunikationsfähigkeit, Freundlichkeit, Kooperationsbereitschaft, Empathie, Mitgefühl, Diplomatie, Bereitschaft zu Unterwerfung und Unterstützung, Geselligkeit, Treue, Loyalität, Verlässlichkeit, Kompromissbereitschaft, Toleranz, Verantwortung etc.

2. **Leistungsmotiv** (entdecken, erweitern, erschaffen): Nach Erfolg streben und Misserfolg vermeiden. Dazu zählen: Kreativität, Neugier, Lernbereitschaft, Einsatzbereitschaft, Intellekt, Flexibilität, Interesse, Individualität, Spontanität, Optimierung, Effizienz, Entwicklung, Fleiß, Offenheit etc.
3. **Machtmotiv** (beherrschen, erobern, kontrollieren): Nach Kontrolle und Dominanz streben, Kontrollverlust vermeiden. Dazu zählen: Dominanz, Kontrolle, Planung, Ordnung, Führung, Kampf, Eroberung, Kompromisslosigkeit, Strategisches Denken, Durchsetzungsfähigkeit, Beeinflussung, Ansehen, Popularität, Ruhm, Ehre, Stolz, Mut, Risikobereitschaft etc.

Ziele

Aus unserem jeweiligen Bedürfnis, unserem „Objekt der Begierde" bzw. einem äußeren Motiv, das wir gerade fokussieren, und aus verfügbaren inneren Motiven ergeben sich unsere Ziele. Scheint uns das Ziel erreichbar und begehrenswert und haben wir genügend Vertrauen in unsere Fähigkeiten, dann werden wir hoch motiviert sein, unsere Ziele auch zu erreichen.

Inwieweit unsere Ziele unseren verfügbaren Ressourcen entsprechen, hat Einfluss auf unsere Handlungskompetenz, sodass wir nicht nur von unseren Wünschen träumen, sondern sichtbare Ergebnisse erreichen. Die Aussicht auf Erfolg und die Vorfreude, die auf neuronaler Ebene nur Begleiterscheinungen des Botenstoffs Dopamin sind, nehmen wir als Motivation wahr. Motivation ist also ein aktiver und fokussierter Verhaltenszustand, der mit Vorfreude und Optimismus einhergeht und uns die Energie liefert, unsere Bedürfnisse zu befriedigen.

Zu den vielleicht nicht ganz so „leicht verdaulichen" Begriffen „Bedürfnis", „Motiv" und „intrinsische und extrinsische Motivation" hier einige erläuternde Beispiele:

Beispiele:

Wenn ein Löwe Hunger hat, dann ist er höchst motiviert, eine Antilope zu jagen, um seinen Hunger zu stillen. Das Bedürfnis ist Hunger, das extrinsische Motiv ist die Antilope und das intrinsische der Jagdinstinkt. Das befriedigende Gefühl, die Antilope mit eigenen Fähigkeiten erlegt und verspeist zu haben, sorgt kurzfristig für Glücksgefühle, bis das Bedürfnis „Hunger" wieder aktuell wird.

Wenn ein Mensch verliebt ist, dann ist er höchst motiviert, am Freitag nach der Arbeit 800 Kilometer zu fahren, um die geliebte Person zu sehen. Das Bedürfnis nach Nähe wird begleitet von dem extrinsischen Motiv „geliebte Person" und dem intrinsischen Motiv Leistungsbereitschaft. Ich glaube, Sie können sich vorstellen, welche Euphorie-Momente dieser Mensch erlebt, wenn er seine geliebte Person endlich in den Armen halten kann.

Wenn ein ehrgeiziger Mitarbeiter auf die nächste Stufe der Karriereleiter klettern will, dann ist er hoch motiviert, das ihm anvertraute Projekt erfolgreich abzuschließen. Aus dem Bedürfnis nach sozialer Anerkennung oder auch nach materieller Sicherheit fokussiert er das Projekt und die nächste hierarchische Position als extrinsische Motive. Intrinsisch wird er angetrieben durch sein Leistungsmotiv und seine Kooperationsbereitschaft. Sobald er die nächste Karrierestufe erreicht hat, erlebt er die Ausschüttung von Glückshormonen und kann sich zufrieden seinem nächsten Bedürfnis widmen.

Kein Lebewesen steht auf und handelt, ohne ein offenes Bedürfnis zu haben. Gesättigte Löwen jagen nicht. Menschen, die nicht aktuell verliebt sind, fahren keine 800 Kilometer, um eine andere Person zu sehen.

Mitarbeiter am Ende ihrer Karriereleiter reißen sich kaum noch um neue Projekte.

Aus dieser Perspektive betrachtet, müssen wir uns im Klaren sein, dass wir mit viel Menschenkenntnis und Feingefühl bei jedem Menschen individuell herausfinden müssen, wonach er „hungrig“ und „bedürftig“ ist, sodass wir ihm ein schmackhaftes Angebot machen können, das ihn überzeugt. Nur, wie sollen wir das erkennen?

8.3 Werden Sie zum Motivationsprofiler

Zugegeben, auch wenn die motivationalen Prozesse relativ leicht zu verstehen sind, stehen wir oft vor der schwierigen Frage, welche aktuellen Bedürfnisse unsere Mitmenschen haben und über welche Motive sie aktiviert werden können. Das Einfachste wäre wohl, sie zu fragen, oder? Zumindest wäre das der direkte Weg, um unsere Mitmenschen besser kennenzulernen und richtig einzuschätzen.

Das Schwierige daran ist jedoch, dass sich viele Menschen ihrer inneren motivationalen Prozesse nicht bewusst sind und selbst nicht erklären können, was sie antreibt und was sie glücklich macht. Viele unserer Bedürfnisse schlummern unbewusst in uns und verleiten uns zu Handlungen, die wir quasi auf „Autopilot“ geschaltet ausführen. Für uns ist es selbstverständlich, täglich zu Arbeit zu gehen und somit durch unser Leistungsmotiv unsere materielle Existenz zu sichern. Ebenso ist es für uns selbstverständlich, unseren Freund oder unsere Mutter regelmäßig anzurufen und zu fragen, was es Neues gibt. Wir denken nicht daran, dass sich dahinter das Bedürfnis nach Zugehörigkeit und Nähe verbirgt und dass wir gerade über unsere Kommunikationsfähigkeit und Empathie dieses Bedürfnis befriedigen.

Über vorgefertigte Modelle hinaus

Das Gebiet der Persönlichkeitspsychologie versucht hier Antworten zu liefern. In den letzten Jahrzehnten sind viele Persönlichkeitsmodelle entstanden, die uns helfen sollen, Menschen besser zu verstehen. Die Methode ist eine möglichst genaue Profilerhebung (auch „Profiling" genannt) einer Person in Bezug auf ihre Vorlieben, Antreiber, Motive oder ihr Verhalten. Einige der bekannteren Modelle sind z.B. das „Big Five-" oder „Fünf-Faktoren-Persönlichkeitsmodell (FFM)", das „DiSG®-Persönlichkeitsprofil", das „Reiss Profile®", das „Enneagramm", der Myers-Briggs Typeindikator® (MBTI®) oder das STRUCTOGRAM®, um nur einige von vielen zu erwähnen.

Die Methode des Persönlichkeits-Profilings wird überwiegend im Business-Kontext angewandt, um beim Recruiting passende Mitarbeiter zu finden. Aber auch im privaten oder Führungskräfte-Coaching finden diese Modelle großen Zuspruch, vor allem wenn es um Selbsterkenntnis, Führungsverhalten, Zielmanagement oder Persönlichkeitsentwicklung geht. Die Voraussetzung für eine präzise psychologische Einschätzung oder Profilerhebung ist das Testverfahren mit dem systematisierten Fragebogen zur Selbst- oder Fremdeinschätzung. Aus der Kombination der Vorlieben und Wünsche, des Verhaltens oder der inneren und äußeren Motive der Testperson wird ein Persönlichkeitsprofil erstellt, das plastisch aufzeigen soll, wie diese Person „tickt", was ihr liegt und in welchem Bereich sie voraussichtlich beste Erfolge erzielen kann.

Während im Business-Kontext eine Profilerstellung noch umsetzbar, sinnvoll und nachvollziehbar ist, wird es im täglichen Leben potenziell schwierig, solche Testverfahren einzusetzen. Denn wir können nicht jeden Kunden, Gesprächspartner oder Mitarbeiter einem Test unterziehen, damit wir wissen, wie wir mit ihm umzugehen haben. Auch wenn uns manche Persönlichkeitsmodelle wertvolle Hinweise über einen Menschen liefern können, haben sie doch ihre Grenzen und werden oft überschätzt. Wir Menschen sind viel komplexer und widersprüchlicher, als dass man uns in ein paar Kategorien unterteilen oder erfassen könnte, zumal wir uns nach dem Prinzip der Selbstaktualisierung situativ und persönlich ständig weiterentwickeln. Mit jeder neuen Lebenssituation, jeder neuen Aufgabe oder durch eine stärkere Lebensveränderung ändern sich auch unsere Bedürfnisse und Motive und somit unser Fokus auf das Wesentliche. Wir wachsen mit unseren Aufgaben und verändern ständig unsere persönliche Erwartungshaltung an das Leben.

Wer sagt was, und warum?

Um Menschen individuell in ihrer Gesamtheit zu erfassen, sollten wir grundsätzlich zwei Eigenschaften in uns kultivieren: einerseits eine unbefangene Neugier über unsere Mitmenschen und andererseits unsere Empathie-Fähigkeit. Dabei ist es wichtig, unseren Fokus nicht nur auf Äußerlichkeiten zu lenken, sondern etwas tiefer zu schauen, so wie es gute Menschenkenner machen.

Ich kann mich noch sehr gut an einen Spruch meiner Oma erinnern, die weder Psychologie studiert noch viele Bücher gelesen hatte und dennoch eine unglaublich gute Menschenkenntnis besaß. Sie war sehr feinfühlig und stellte sich bei jedem Menschen die Frage: „Wer sagt was und warum?" Sie hörte immer genau zu und versuchte sich ein Gesamtbild des Menschen zu machen, bevor sie sich ein Urteil über ihn erlaubte.

Dieses einfache Wissen ist heute ebenso aktuell wie damals. Um Menschen zu verstehen, sollten wir zuerst einmal den Fokus auf uns selbst richten und versuchen, uns selbst noch bewusster wahrzunehmen, uns zu beobachten und zu reflektieren in Bezug auf unsere eigenen Bedürfnisse und Motive. Dadurch bekommen wir eine Vorstellung, wie motivationale Prozesse überhaupt funktionieren. Alle Menschen haben im Grunde ihres Wesens gleiche Bedürfnisse, nur manche sind etwas mehr und manche etwas weniger stark ausgeprägt. Erst wenn wir etwas vertraut damit sind, uns selbst zu ergründen, können wir diesen Fokus auch auf andere Menschen übertragen und herausfinden, was sich hinter ihrer Fassade verbirgt. Dafür brauchen wir weder umfangreiche Testverfahren noch eine psychologische Ausbildung, sondern unseren einfachen und klaren Menschenverstand.

8.4 Von der Motivation zur Überzeugung

In Überzeugungsprozessen geht es also darum, ein Angebot zu machen, das bestimmte Bedürfnisse erfüllen kann. Das gilt nicht nur für unsere eigenen Bedürfnisse, sondern auch für die Bedürfnisse des Menschen, den wir überzeugen möchten. Soll sich nämlich unser Gegenüber unserer Idee freiwillig und mit Freude anschließen, ist sein Nutzen aus der Sache genauso wichtig wie unser persönlicher.

Im ersten Schritt sollten wir der anderen Person ein Angebot machen, das für beide Seiten gut und nützlich ist. Wollen wir nachhaltig überzeugen, so bedeutet dies im nächsten Schritt, die Erwartungshaltung des anderen mit unserem Angebot nicht nur zu erfüllen, sondern sogar zu übertreffen.

Die Voraussetzung hierfür ist jedoch, zu erkennen, welche Vorstellungen, Wünsche, Bedürfnisse und Motive eine Person hat, sodass wir sie begeistern und sie am Ende gar nicht anders kann, als unserer Idee zuzustimmen. Nicht alle Menschen haben die gleiche Erwartungshaltung wie wir, daher empfiehlt es sich nicht, immer von uns selbst auf andere zu schließen.

Wenn wir jemanden überzeugen wollen, sollten wir verhindern, in die **Egoismus-Falle** zu tappen. Deshalb ist es sinnvoll, sich vorher die folgenden Fragen zu stellen und zu beantworten:

- Was hat diese Person von meinem Angebot oder von meiner Idee?
- Welches Bedürfnis könnte dadurch befriedigt werden?
- Welche Probleme könnten für diese Person mit meinem Vorhaben gelöst werden?
- Welche Ängste können dadurch entstehen, oder noch besser, genommen werden?
- Wodurch könnten positive Gefühle ausgelöst werden?
- Womit könnte ich Vorfreude bei meinem Gegenüber auslösen?
- Worin könnte Vorfreude für diese spezielle Person bestehen?
- Welchen Mehrwert könnte ich dieser Person mit meinem Angebot bieten?

Überzeugungsarbeit setzt eine strategische Denkweise voraus, die durch Klarheit und Transparenz gekennzeichnet ist. Da sind wir selbst mit unseren eigenen Bedürfnissen und unserer Erwartungshaltung und da ist die andere Person mit ihren Bedürfnissen und ihrer eigenen Erwartungshaltung. Und in der Mitte steht unser individuelles Angebot, das einen hohen Nutzen für beide Partner bringt.

Alle Komponenten der Überzeugungsarbeit sind gleich wichtig und bedingen sich gegenseitig. Wollen wir am Ende des Überzeugungsprozesses erfolgreich sein, müssen sie deshalb aufeinander abgestimmt werden.

8.5 Profiling-Check für Ihre Überzeugungsarbeit

Zur Vorbereitung auf eine strategische Überzeugungsarbeit empfehle ich Ihnen, immer einen fundierten Profiling-Check durchzuführen. Das bedeutet, Sie sollen systematisch Ihre eigenen Bedürfnisse, die Merkmale Ihres Angebots und die Bedürfnisse Ihres Gesprächspartners unter die Lupe nehmen. So erhalten sie auf der psychologischen Ebene mehr Informationen, die Sie für Ihre Überzeugungsarbeit unbedingt brauchen.

Den „Profiling-Check“ können Sie privat und auch geschäftlich als Leitfaden nutzen, um sich z.B. auf ein Verkaufsgespräch vorzubereiten, auf eine Produktpräsentation, eine Verhandlung, ein Mitarbeitergespräch – oder auch auf einen Heiratsantrag.

Wichtig ist, dass Sie Klarheit haben, über sich selbst, Ihr Gegenüber und Ihr Angebot, denn nur so können Sie ein Überzeugungsgespräch nicht nur mit sachlichen Argumenten auf der kommunikativen Ebene führen, sondern auch auf der psychologischen. Deshalb sollten Sie sich mit Ihrem Angebot erst beschäftigen, nachdem Sie sich ausführlich mit sich selbst und der zu überzeugenden Person beschäftigt haben.

Sie kennen bestimmt den Spruch „Knapp vorbei ist auch daneben“? Bei der Überzeugungsarbeit stimmt das auf jeden Fall. Was nützt Ihnen Ihr bestes Angebot, wenn Sie selbst davon nicht überzeugt sind? Warum sollte jemand Ihr Angebot annehmen, wenn er dafür absolut keinen Bedarf hat? Oder wie soll jemand sich von Ihnen überzeugen lassen, den Ihr Angebot möglicherweise überfordert oder dem es vielleicht Angst macht?

Die Profiling-Fragen mögen sehr einfach klingen – dennoch haben sie es in sich. Die meisten Menschen, die uns von etwas überzeugen wollen, machen sich über uns gar keine Gedanken. Sie sind entweder viel zu sehr mit sich selbst und ihrem Vorhaben beschäftigt oder kennen die Regeln der Überzeugungsarbeit und der Motivationspsychologie nicht. Machen Sie es besser! Machen Sie es sich zur Gewohnheit, im Vorfeld einer Überzeugungsarbeit immer erst ein Profiling durchführen. Sie werden nämlich nur die Früchte ernten, um die Sie sich im Vorfeld gekümmert haben.

8.5.1 Ich-Profiling

Bedürfnis: Was brauche ich und warum möchte ich jemanden überzeugen? Welches Bedürfnis steckt dahinter? Ist mein Vorhaben für mich attraktiv genug? Ist mein Vorhaben ethisch korrekt?

Gefühl: Welche positiven Gefühle möchte ich für mich erreichen und welche negativen Gefühle möchte ich vermeiden?

Persönlicher Nutzen: Was bringt mir diese Überzeugungsarbeit?

Motiv: Durch welche Ressourcen kann ich diese Person überzeugen? Was ist mein konkretes Angebot?

Motivation: In welchem Ausmaß bin ich bereit, aktiv zu werden, um diese Person zu überzeugen? Verspüre ich Vorfreude oder Angst?

Erwartung: Welche Erwartungshaltung habe ich an mich selbst und welche an mein Gegenüber?

8.5.2 Partner-Profiling

Bedürfnis: Was braucht dieser Mensch, was vermisst er? Aus welchem Bedürfnis heraus sollte er sich von mir überzeugen lassen?

Gefühl: Wovor hat er Angst und was macht ihm Freude? Welche positiven Gefühle kann ich mit meinem Angebot auslösen?

Persönlicher Nutzen: Was soll ihm meine Idee bringen? Welche Probleme kann er dadurch lösen? Inwiefern kann er mit einem persönlichen Mehrwert rechnen?

Motiv: Aus welchem Motiv heraus soll er handeln? Über welche Ressourcen verfügt er, um mein Angebot annehmen zu können? Was benötigt er dazu?

Motivation: In welchem Ausmaß ist diese Person bereit, sich von mir überzeugen zu lassen? Ist mein Angebot seinen Ressourcen und Möglichkeiten angemessen?

Erwartung: Welche Erwartungshaltung hat diese Person an mich und mein Angebot? Kann ich diese Erwartungen erfüllen oder gar übertreffen?

8.5.3 Angebots-Profiling

Bedürfnis: Welche Eigenschaften hat mein Angebot? Welche Bedürfnisse (eines oder mehrere) können mit diesem Angebot gestillt werden? Stimmen die Bedürfnisse meines Gegenübers mit den Eigenschaften des Angebots überein?

Gefühl: Welche Risiken und welche Vorteile verbergen sich hinter meinem Angebot für mein Gegenüber? Was überwiegt – Risiken oder Vorteile? Kann ich die Vor- und Nachteile so darstellen, dass mein Angebot für mein Gegenüber begehrenswert erscheint? Wie kann ich mit meinem Angebot mein Gegenüber emotional berühren?

Persönlicher Nutzen: Was soll mein Angebot konkret bringen? Was ist der ultimative Nutzen, mit dem ich überzeugen möchte? Warum soll gerade dieses Angebot besser als alle anderen sein? Ist mein Angebot personalisiert und individuell und kann das mein Gegenüber auch erkennen? Welche Verluste müsste mein Gegenüber erleiden, wenn er mein Angebot nicht annimmt?

Motiv: Was motiviert mein Gegenüber, dieses Angebot anzunehmen? Durch welches Motiv kann er am leichtesten zur Handlung bewegt werden (Anschluss-, Leistungs- oder Machtmotiv)? Sind seine Ressourcen ausreichend, um meinem Angebot zuzustimmen? Braucht er eine zusätzliche Unterstützung oder ist er auf jemanden angewiesen?

Motivation: Versetzt mein Angebot die zu überzeugende Person in einen „vorfreudigen" Zustand? Kann sich diese Person die Ergebnisse bildhaft und emotional vorstellen? Reicht das aus, um zu handeln?

Erwartung: Welche Versprechungen kann ich mit meinem Angebot machen? Kann ich diese Versprechungen auch halten? Bin ich mir dessen bewusst, dass nur dann, wenn die Versprechungen erfüllt sind, mein Gegenüber tatsächlich auch davon überzeugt sein wird? Sind diese Versprechungen für mein Gegenüber attraktiv und begehrenswert?

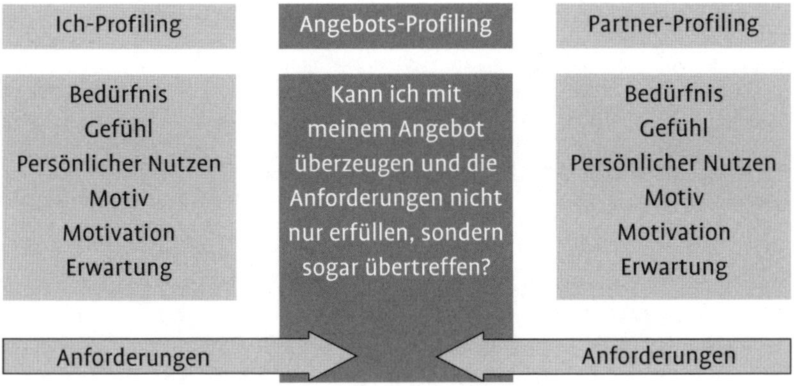

Abbildung 6: Motivationspsychologisches Profiling

Durch das motivationspsychologische Profiling Ihrer Überzeugungsstrategie werden Sie zu einem feinfühligen, empathischen und kompetenten Überzeugungspartner. Sie machen sich im Vorfeld ausführlich Gedanken über die Gesamtsituation und heben sich damit von den vielen Menschen ab, die das nicht tun. Ihre partnerschaftliche Einstellung und Ihre Flexibilität werden Ihrem Gesprächspartner keinesfalls entgehen, denn er wird sich gut bei Ihnen aufgehoben und willkommen fühlen. **Denken Sie bedarfs- und nutzenorientiert und schaffen Sie Ihrem Gegenüber schmackhafte Vorteile: Dann wird er sich gerne von Ihnen überzeugen lassen.**

9. Überzeugung und Verhaltenspsychologie

Haben Sie schon einmal darüber nachgedacht, wie stark Sie mit Ihrem Verhalten beeinflussen können? Allein schon wenn Sie einen Raum betreten, beeinflussen Sie Ihre Umwelt. Auch umgekehrt – alles, was um Sie herum passiert, beeinflusst Ihr Denken, Fühlen und Verhalten, ob positiv oder negativ. Wir interagieren ständig mit unseren Mitmenschen als Sender und als Empfänger, wir bewegen uns in einem geschlossenen Reiz-Reaktions-System und handeln nach einem Ursache-Wirkungs-Prinzip. Je bewusster wir uns dieses Prinzips sind, umso mehr können wir es für die Steigerung unserer persönlichen Überzeugungskraft nutzen.

Bei der Überzeugungsarbeit gibt es einen Verhaltenskodex im Umgang mit uns selbst und unseren Gesprächspartnern. Auf den nächsten Seiten werden Sie erfahren, mit welchen Verhaltensregeln Sie sich vertraut machen sollten, wenn Sie als ehrlicher und überzeugender Gesprächspartner wahrgenommen, respektiert und akzeptiert werden wollen.

9.1 Überzeugungspsychologischer Verhaltenskodex

Die Basis jeglicher Beziehung sind Vertrauen und Zuverlässigkeit. Das können wir am besten im Umgang mit Kindern erkennen. Kleine Kinder haben ein angeborenes Gespür für Überzeugungen und prüfen genau, was ihnen gesagt wird. Sie lassen sich mit Versprechungen und Absichtserklärungen nicht abspeisen. Versuchen Sie doch mal, einem Kind einen Zirkusbesuch zu versprechen und dann dieses Versprechen nicht einzuhalten – das wird nicht funktionieren! Sie werden in ganzer Konsequenz aufgefordert, Ihr Versprechen zu erfüllen. Das Kind wird Sie mit aller Macht bewegen wollen, Ihre Absicht mit dem passenden Verhalten zu vollenden. Kinder möchten überzeugt und nicht getäuscht werden und sind unsere besten Lehrer, wenn es um ehrliche Überzeugungskraft geht.

Den gleichen Anspruch sollten wir auch als Erwachsene sowohl an uns selbst als auch an unsere Mitmenschen haben, was leider nicht immer der Fall ist. Wir sind im erwachsenen Alter eher geneigt, andere zu blenden oder uns auch blenden zu lassen, weil wir nicht konsequent genug sind, Versprechungen einzuhalten oder diese von anderen einzufordern.

Liefern Sie Beweise

Zu den Herausforderungen unserer schnelllebigen Zeit gehört es, die Vielfalt der Reize, die ständig auf uns einwirken, bewusst wahrzunehmen und zu entscheiden, von wem wir uns wie und in welchem Ausmaß beeinflussen lassen. Das beginnt im Familien- und Freundeskreis, setzt sich bei der Arbeit fort und hört auch in unserer Freizeit nicht auf. Medien wie TV und Radio, Social-Media, Zeitungen, Bücher – ständig prasselt etwas auf uns ein, und nur zu leicht kann man hier die Orientierung verlieren.

Die Folgen sind erschreckend: Wir wissen nicht mehr, wer, was, wann gesagt hat, und haben kaum noch Zeit, die Aussagen auf ihre Richtigkeit zu überprüfen. Um uns herum lauter Versprechungen oder Behauptungen, die einfach nicht wahr sind. Wir lassen uns leicht blenden, denn überall wird uns schnelles Geld, schneller Erfolg, schnelle Schönheit, schnelle Gesundheit o.Ä. versprochen, und all das können wir angeblich ohne Mühe oder Anstrengung erreichen. Manche wissen, wie zweifelhaft all das ist, manche auch nicht – und fallen darauf herein. Die allgemeine hochglanzpolierte Reizüberflutung führt dazu, dass wir uns von der wahren Überzeugungskultur immer mehr entfernen. Stattdessen geben wir uns mit Blendungen zufrieden.

Durch meinen früheren Beruf als Konzertpianistin bin ich mit der Selbstüberzeugung aufgewachsen, dass man nur über eine ehrliche Leistung überzeugen kann. Ich konnte mein Publikum und meine Professoren nur mit gekonntem Klavierspiel und nicht mit Versprechungen überzeugen. Jeder Hochleistungssportler kennt das auch: Bei den Olympischen Spielen, bei jedem sportlichen Wettbewerb kommt es immer auf die Leistung und nicht auf eine Absichtserklärung an. Ein Profi überzeugt, indem er die Beweise für seine Leistungen liefert. Erst durch die Beweise festigt sich eine Überzeugung, insbesondere wenn es um unsere menschliche persönliche Überzeugungskraft geht.

Menschen werden langfristig also nur durch Taten und nicht durch Worte überzeugt. Das ist der Grundsatz der Überzeugung aus verhaltenspsychologischer Sicht.

Eine Frage der Ehre

Ehrliche Überzeugungsarbeit können wir mit dem Aufbau einer Beziehung vergleichen: Es braucht Vertrauen, Zeit und Entwicklung, wenn diese langfristig und gut sein soll. Egal wie schnelllebig und oberflächlich unsere Zeit ist, in Bezug auf unsere zwischenmenschlichen Bedürfnisse hat sich nichts geändert. Im Gegenteil, die Menschen, die es trotz unserer Blendungskultur schaffen, in ihren Beziehungen authentisch und ehrlich zu sein, haben äußerst gute Chancen, als führende, charismatische und überzeugende Persönlichkeiten wahrgenommen zu werden. Solche Menschen halten den Unterschied zwischen dem, was sie sagen, und dem, was sie ausführen, äußerst gering. Durch ihre Glaubwürdigkeit geben sie uns Orientierung und führen uns auf eine Ebene zurück, die niemals wirklich an Bedeutung verloren hat – auf eine echte Begegnung von Mensch zu Mensch.

Vielleicht klingt das für Sie etwas altmodisch, aber es ist wirklich wahr: Menschen mit einer ausgeprägten Überzeugungskraft sind diejenigen, mit denen Sie bedenkenlos sogenannte Handschlag-Geschäfte machen können. Sie sind sich ihrer zwischenmenschlichen Verantwortung bewusst. Ein Versprechen einzuhalten ist für sie eine Frage der Ehre.

Walk your talk – Überzeugen durch Glaubwürdigkeit

Die wahre Überzeugung erfolgt, wenn ein Versprechen im Verhalten bestätigt wird. Oder: Wer A sagt, muss auch A leben und ausführen, um jemanden zu überzeugen. Somit ist Glaubwürdigkeit die Voraussetzung für eine Überzeugungsarbeit. Was wir dennoch viel öfter im Alltag erleben, ist Wasser predigen und Wein trinken, was auf Dauer nicht wirklich funktioniert, weil es weder glaubwürdig noch überzeugend ist. Überlegen Sie nur, wie viele Unternehmen klar definierte Leitsätze haben, die ihre Werte, Kultur und Überzeugungen darstellen, und wie unterschiedlich diese Vorhaben gelebt werden. Daher ist es kein Wunder, dass sich viele Mitarbeiter mit dem Unternehmen, in dem sie arbeiten, nicht identifizieren können. Was folgt, ist Frust, Ohnmacht und Dienst nach Vorschrift. Auch im Privatleben wird ein Liebesbeweis auf Dauer mehr zählen als ein Satz wie „Ich liebe dich", dem keinerlei Beweise folgen. Bei gravierenden Unterschieden zwischen dem Versprechen und dem Verhalten tun wir uns nicht schwer, die zuerst gebildete Meinung zu löschen oder zu verwerfen.

Wenn wir als natürliche Autorität und überzeugende Persönlichkeit wahrgenommen werden wollen, dann müssen wir die Absichtserklärungen mit dem dazu passenden Verhalten vollenden. Das schafft Transparenz, Respekt, Vertrauen, Glaubwürdigkeit und stärkt unser Ansehen und unsere zwischenmenschlichen Beziehungen.

9.2 Die verhaltenspsychologische Überzeugungsformel

In einem Überzeugungsprozess können Sie durch folgende Verhaltensregeln viele Plus-Punkte sammeln:

- Unsere verbale Äußerung repräsentiert unsere Meinung, unsere Absichtserklärung und ein Versprechen. Das ist erst der Anfang. Dieses Versprechen ist ein Reiz, der eine emotionale und eine kognitive Wirkung auf unseren Gesprächspartner als Empfänger hat.

- Das Versprechen bewirkt bei unserem Gegenüber eine bestimmte Erwartungshaltung. Diese Erwartungshaltung, die als Vertrauensvorschuss dient, strebt nach einer realen Erfüllung, nach einer Bestätigung des Versprechens. Es entsteht eine Spannung.
- Das konsequente und stimmige Verhalten löst das Versprechen auf und es erzeugt eine Entspannung bei unserem Gegenüber. Diese Entspannung ist das erste positive Referenzerlebnis im Überzeugungsprozess.
- Durch wiederholte Verhaltensbeweise, die die primäre Aussage und das Versprechen bestätigen, wird eine Konditionierung geschaffen, die wiederum zu einer nachhaltigen positiven Bewertung führt, die im Langzeitgedächtnis gespeichert wird. Menschen, die in unserem Gedächtnis als überzeugend, vertrauenswürdig und glaubwürdig abgespeichert sind, haben einen großen Vorteil: Wir stellen ihre Aussagen in späteren Situationen nicht mehr infrage, sondern bewerten sie als genauso überzeugend wie zuvor gemachte Aussagen.

Im folgenden Beispiel können Sie die Wirkung eines nicht glaubwürdigen Verhaltens zwischen einem Vorgesetzten und seinem Mitarbeiter erkennen. Bilden Sie sich selbst eine Meinung dazu.

Beispiel: Unglaubwürdiges Führungsverhalten

Mal angenommen, Sie haben als Führungskraft Ihrem Mitarbeiter eine zehnprozentige Gehaltserhöhung am Ende des Jahres versprochen, wenn er bestimmte Ziele erreicht. Das hat der Mitarbeiter am Anfang des Jahres in einem Zielgespräch von Ihnen erfahren und er ist motiviert zu arbeiten, weil er sich nächstes Jahr durch seine Gehaltserhöhung einen längeren Auslandsurlaub gönnen möchte. Er gibt sein Bestes, in der Überzeugung, seine Belohnung für seine gute Mitarbeit zu bekommen.

Schließlich hat er seine Ziele erreicht und erwartet von Ihnen die entsprechende Gehaltserhöhung. Aus irgendeinem Grund können oder möchten Sie sein Gehalt aber nicht um zehn, sondern nur um fünf Prozent erhöhen. Möglicherweise waren die Ziele nicht ganz klar definiert oder Sie sind aus wirtschaftlichen Gründen verhindert, sein Gehalt entsprechend aufzustocken. Mit welchen Reaktionen dürfen Sie wohl rechnen: Mit Überzeugung, Einsicht und Verständnis oder mit schwerer Enttäuschung seitens des Mitarbeiters?

Obwohl der Mitarbeiter immer noch fünf Prozent mehr verdient als im Vorjahr, wird er sich bestraft fühlen und seine Motivation für die Arbeit verlieren. Das objektive „Mehr" an Gehalt wird von dem subjektiven Erlebnis unterdrückt.

Aus verhaltenspsychologischer Sicht sprechen wir von einer „Bestrafung durch ausbleibende Belohnung", die Ihrem Mitarbeiter im Gedächtnis gespeichert bleiben wird und die in ähnlichen Situationen wieder zum Vorschein kommt. Er hat durch Ihr Verhalten gelernt, dass Vereinbarungen mit Ihnen zu Schmerzerlebnissen führen, und wird dadurch sein eigenes Verhalten ändern. Sie werden möglicherweise merken, dass der Mitarbeiter im weiteren Verlauf weniger engagiert ist oder bestimmte Aufgaben widerwillig oder mangelhaft ausführt. Er ist von Ihnen nicht mehr überzeugt und zeigt das deutlich mit seinem Verhalten.

Wenn Sie also Menschen nachhaltig überzeugen und nicht nur blenden wollen, dann überlegen Sie genau, ob Sie das, was Sie versprechen, wirklich bereit sind zu leben und zu erfüllen. Eine Absichtserklärung ist sehr schnell formuliert. Wenn Ihre Aussagen mit dem entsprechenden Verhalten und Beweisen nicht bestätigt werden, dann handelt es sich um eine vorsätzliche Täuschung. Halten Sie sich an die verhaltenspsychologische Überzeugungsformel: Versprechen Sie weniger und beweisen Sie mehr, wenn Sie sich nachhaltig mehr Respekt Ihrer Mitmenschen verschaffen möchten.

Abbildung 7: Verhaltenspsychologische Überzeugungsformel

9.3 Ihre Haltung: Überzeugen Sie auf Augenhöhe

Als ich noch klein war, habe ich sehr gerne Western-Filme geschaut. Ich war immer sehr beeindruckt vom breitbeinigen Gang des Sheriffs. Er schien eine besondere Gabe zu haben, auf Menschen einschüchternd zu wirken und bei ihnen Angst und ein schlechtes Gewissen hervorzurufen: Achtung, hier kommt der Sheriff! Ein Paradebeispiel einer Autoritätsperson, die im Namen des Gesetzes für Recht und Ordnung sorgt. Wenn auch dieses Verhalten im Wilden Westen überzeugt hat, nützt es uns in heutiger Zeit sehr wenig, weil eine nachhaltige Überzeugungsarbeit nur zwischen gleichberechtigten Gesprächspartnern stattfinden kann, wie Sie es bereits in den vorhergehenden Kapiteln erfahren haben.

Allerdings versuchen auch heute noch viel zu viele Menschen, mit einem äußerst dominanten Verhalten zu überzeugen. Man wird den Eindruck nicht los, dass sie ihren Sheriffstern nur zu Hause vergessen haben. Jetzt mal ehrlich gefragt: Wenn Sie selbst ein hohes Selbstwertgefühl haben, wirkt ein Macho-Gehabe auf Sie wirklich überzeugend oder eher lächerlich? Was halten Sie persönlich von so einem Platzhirsch, der Ihnen von der ersten Sekunde an suggeriert, dass alleine er hier der Boss ist? Fühlen Sie sich angenommen, respektiert, integriert und wertgeschätzt oder eher dominiert, bevormundet und klein gehalten?

Ein ganz großer Künstler und Querdenker, Charlie Chaplin, hat eine treffende Aussage in Bezug auf Dominanz formuliert: „Macht brauchst du nur, wenn du etwas Böses vorhast. Für alles andere reicht Liebe, um es zu erledigen." Dabei ist hier die Liebe als eine partnerschaftliche Einstellung der Menschen- und Nächstenliebe zu verstehen. Menschen einzuschüchtern ist ausnahmslos diktatorisch und verachtend, sei es im eigenen Unternehmen, auf politischer Ebene oder in einer privaten Beziehung. Eine durch Angst erzwungene Zustimmung ist niemals mit Überzeugung gleichzusetzen. Sie ist eher zu vergleichen mit einer Zwangsjacke, die dem unterlegenen Gesprächspartner übergezogen wird. Aus Sicht des gesunden Menschenverstandes sind sowohl Arroganz als auch Unterwerfung krankhafte, neurotische Verhaltensweisen, die selbstbewusste und selbstüberzeugte Menschen bewusst ablehnen.

Aus innerer Einstellung zum äußeren Status

Auftreten und äußerer Status werden immer durch die dahinter stehende mentale Einstellung bestimmt: Wie sehe ich mich im Verhältnis zu meinen Gegenüber? Alles, was wir nonverbale Kommunikation nennen, also Körpersprache, Stimme, Mimik, Gestik oder Haltung, sind nur der Spiegel unserer inneren Haltung. Wenn Sie wirklich authentisch und überzeugend sein wollen, dann müssen Sie zuerst Ihre innere Einstellung trainieren, bevor Sie sich Ihrer Körpersprache und äußeren Wirkung widmen. Es geht nicht darum, ob Ihr Kopf gerade oder geneigt ist, Ihre Arme verschränkt oder offen sind, es geht darum, ob Ihre Einstellung partnerschaftlich genug ist, um Menschen zu überzeugen. Dann werden Sie bewusst wahrnehmen, dass sich durch Ihre innere Einstellung allmählich auch Ihr äußeres Verhalten verändert.

Den umgekehrten Weg bezeichne ich gerne als „Körpersprache-Botox". Damit meine ich, dass Sie durch eine einstudierte Körperhaltung niemals Ihre wahre innere Einstellung auf Dauer verbergen können. Das funktioniert nicht und wirkt künstlich, genauso wie eine Botox-Behandlung, die auf eine Lähmung der Gesichtsmimik abzielt und dennoch nichts an dem wahren biologischen Alter ändert.

Es gibt drei mögliche Einstellungen, die Sie im Hinblick auf Ihren Gesprächspartner einnehmen können:

- Ich oben und du unten (dominant / unterlegen).
- Ich unten und du oben (unterlegen / dominant).
- Wir beide auf Augenhöhe (beidseitig partnerschaftlich).

Die erste Variante wurde schon ausführlich beschrieben. Wenn Sie die zweite unterlegene Einstellung in einem Überzeugungsgespräch einnehmen, reicht diese für Ihre Durchsetzungskraft nicht aus. Wie können Sie jemanden überzeugen, wenn Sie sich Ihrer Sache nicht sicher sind? Ihr Gesprächspartner erwartet eine bestimmte Expertise und Sicherheit von Ihnen, die daraus resultiert, dass Sie sich mit Ihrem Angebot ausführlich beschäftigt haben, wie Sie das bereits im Kapitel „Überzeugung und Motivationspsychologie" erfahren haben.

Nur die dritte Variante ermöglicht die partnerschaftliche Einstellung, die wir für eine Überzeugungssituation brauchen. Sie zeichnet sich einerseits durch Präzision und Klarheit in Bezug auf das eigene Angebot und andererseits durch ein hohes Maß an Empathie im Hinblick auf die Anspruchserwartung des Gegenübers aus. Nur so kann eine Win-win-Überzeugungssituation entstehen, die zum Ziel hat, die Erwartungen des Gegenübers mit Ihrem Angebot nicht nur zu erfüllen, sondern sogar zu übertreffen, und das auf längere Sicht. Dabei geht es nicht darum, dass Sie nachgiebig in den Verhandlungen sind, sondern dass Sie flexibel genug sind, die Wünsche Ihres Gegenübers zu berücksichtigen und zu integrieren – so weit das möglich ist.

Bevor Sie weiterlesen ...

Bitte nehmen Sie sich kurz Zeit und versuchen Sie, die folgenden Fragen für sich zu beantworten, um für sich die Statusfrage und Ihre partnerschaftliche Einstellung im Überzeugungsgespräch zu überprüfen. Erinnern Sie sich dabei an Ihre letzte Überzeugungssituation und Ihren Gesprächspartner.

- Was bedeutet für mich, auf Augenhöhe zu überzeugen?
- Mit wem hatte ich zu tun: mit einem Gegner oder mit einem Partner?
- Hatte ich grundsätzlich Interesse an dem, was mein Gegenüber mir mitteilen wollte? Wie wichtig war das für mich?
- Bin ich grundsätzlich bereit, eine andere Meinung zu akzeptieren, auch wenn sie von meiner abweicht?
- Welche Stärken habe ich?
- Welche Stärken hatte mein Gegenüber?
- Welche Stärken hatte mein Angebot?
- Konnte ich mit meinem Angebot eine Win-win-Situation erreichen?
- War ich bereit, mein Angebot zu erweitern oder zu verändern, um eine Win-win-Situation zu erreichen?
- Nachdem ich meinen Partner überzeugt hatte, fühlte ich mich als Sieger oder weiterhin als Partner?
- Im Falle, dass ich meinen Gesprächspartner nicht überzeugen konnte: Woran könnte es gelegen haben?

Unsere Einstellungen sind sehr oft von unserer Tagesform und unserem Stressempfinden abhängig. Auch wenn Sie ansonsten ein recht toleranter und netter Mensch sind, kann es passieren, dass Sie in manchen Lebenslagen nicht ganz bei sich sind, was sofort in Ihrem Verhalten sichtbar wird. Um diesen Tagesschwankungen zu entkommen, empfehle ich Ihnen, Ihre Einstellung vor jedem Überzeugungsgespräch zu überprüfen, um einerseits Ihr Selbstwertgefühl zu erhöhen und um andererseits sicherzugehen, dass Sie Ihren Gesprächspartner weder auf- noch abwerten. Durch die richtige Einstellung werden Sie sowohl körpersprachlich als auch inhaltlich ein überzeugendes Gespräch führen und Ihren Gesprächspartner automatisch auf eine partnerschaftliche Ebene mitziehen. Denn alles zwischenmenschliche Verhalten beruht auf einem Reiz-Reaktion-Mechanismus nach dem Motto: „Wie man in den Wald ruft, so schallt es zurück."

9.4 Ihre Wertschätzung: Überzeugen Sie mit dem Wohlfühlfaktor

Ihre partnerschaftliche Einstellung können Sie noch weiter steigern, indem Sie nach Gemeinsamkeiten mit Ihrem Gesprächspartner suchen und sich flexibel dem situativen Rahmen anpassen. Dadurch steigern Sie den Wohlfühlfaktor Ihres Gesprächspartners. Es ist schwierig, jemanden in stressigen Situationen zu überzeugen, weil im Stress die Konzentration sinkt und die Aufmerksamkeit durch unterschiedliche Störfaktoren abgelenkt wird.

Beispiel: The Queen is not amused!

Stellen Sie sich vor, Sie werden zu einem Empfang bei der Königin von England eingeladen und Sie machen sich mit den Regeln des königlichen Hofs im Vorfeld nicht vertraut. Sie tappen von einem Fettnäpfchen ins andere. Was würde das für Sie und für alle Anwesenden bedeuten? Eine Blamage, die weder die Königin Ihnen noch Sie sich selbst je verzeihen würden. Sie können sich sicher sein, dass das Ihre erste und letzte Einladung gewesen ist. Sie haben die Königin nicht überzeugt oder, wie das Engländer sehr schön formulieren: „The Queen was not amused!"

Diese Einstellung sollten Sie verinnerlichen, egal wo Sie hingehen und einen überzeugenden Eindruck hinterlassen möchten. Stilvoll aufzutreten bedeutet, Ihren persönlichen Stil der jeweiligen Situation anzupassen, ohne sich dabei zu verstellen. Menschen lassen sich viel leichter von anderen Menschen überzeugen, wenn sie gewisse Ähnlichkeiten mit ihnen aufweisen. Das schafft Sympathie, Vertrauen und Verbindlichkeit. Der Grund hierfür liegt in der Bestätigung unserer eigenen Person: Alles, was unsere eigene Persönlichkeit bestätigt, wirkt automatisch vertrauenswürdig und angenehm.

Die passende äußere Erscheinung

Sympathie fängt bereits bei der äußeren Erscheinung an, bei der Kleidung. Kein Mensch fühlt sich wohl, wenn er von einem „Star" in den Schatten gestellt wird. Ebenso ist es wenig vorteilhaft, wenn Sie durch ein ungepflegtes Äußeres „glänzen", denn das zeugt von mangelndem Respekt. Die äußere Erscheinung wird ergänzt durch ähnliche Sprache, ähnliche Verhaltensmuster und ähnliche Vorlieben. Stellen Sie sich vor, jemand ist begeisterter Karnevalist und Sie äußern bereits im Smalltalk Ihre Verachtung gegenüber Traditionen und Volksfesten. Das wirkt weder sympathisch noch respektvoll, sondern eher abstoßend. Warum sollte sich jemand von Ihnen überzeugen lassen, wenn Sie seine Selbstüberzeugungen nicht respektieren? Sie müssen nicht lügen, aber Sie müssen auch niemanden vor den Kopf stoßen.

Die passende Ausdrucksweise

Ähnlich verhält es sich mit Ihrer Sprechweise: Wann immer es möglich ist, versuchen Sie Ihre Artikulation an die Ihres Gegenübers anzugleichen. Eine Sprache, die gespickt ist mit Fachausdrücken, die Ihr Gegenüber nicht versteht, wirkt sehr leicht abgehoben. Eine Angleichung an unseren Gesprächspartner ist eine höfliche Art zu zeigen, dass wir die andere Person mögen und dass uns der Wohlfühlfaktor wichtig ist. Es ist wesentlich leichter, sich neuen Ideen oder Meinungen anzuschließen, wenn wir uns in einer positiven Gefühlslage befinden. Dabei meine ich ein gutes Gefühl, das wir mit möglichst vielen Sinnen erleben dürfen. Betrachten Sie sich selbst als einen guten Gastgeber, der sich über seine Gäste Gedanken macht, bevor er sie zum Dinner zu sich nach Hause einlädt.

Das passende Benehmen

Was überzeugend ist und was nicht, das wird durch soziale Gepflogenheiten, Erziehung und durch die jeweilige Kultur, in der wir leben, bestimmt. Während in manchen Ländern Offenheit, Herzlichkeit und ausladende Gesten überzeugend sind, bevorzugen andere Länder viel dezentere Signale, die mit Überzeugung in Verbindung gebracht werden. So ist es sinnvoll, in interkulturellen Meetings die jeweiligen kulturellen Besonderheiten zu studieren, um nicht mit falschen Signalen unerwünschte Reaktionen beim Gesprächspartner hervorzurufen. Um jemanden als überzeugend wahrzunehmen, bevorzugen beispielsweise Menschen aus dem japanischen Kulturkreis eine dezente Gestik, kaum Körperkontakt und emotionale Kontrolle. In südlichen Ländern sind im Gegenteil dazu eine Umarmung, lautes Lachen und Reden sowie starkes Gestikulieren ein Zeichen des Vertrauens, der Offenheit und des überzeugenden Selbstbewusstseins.

Beispiel: Überzeugungskraft eines indischen Verkäufers

Ich hatte bereits vor vielen Jahren eine sehr interessante Erfahrung, wie schön es ist, in einer Verkaufssituation als Königin behandelt zu werden. Es passierte in Indien, wo ich als Touristin unterwegs war. Ich schlenderte durch Jaipur und wollte mir schöne handbestickte Stoffe kaufen. Ich ging in einen Laden und wurde sofort vom Verkäufer äußerst freundlich begrüßt. Er bot mir einen Platz auf dem breiten Sofa an, und wie aus dem Nichts erschien eine junge Inderin, die mir den Nacken massierte. Gleich danach bekam ich einen indischen Tee und Süßigkeiten serviert.

Ich war sehr überrascht von dieser Art der Kundenfreundlichkeit. Da diese Angebote nicht aufdringlich, sondern sehr dezent präsentiert wurden, beschloss ich, mich nicht dagegen zu wehren. Etwas müde nach dem stundenlangen Shopping, ließ ich mir gerne den Nacken massieren und trank den leckeren indischen Tee. Ich fühlte mich sehr schnell erfrischt und rundum wohl. Erst nach einigen Minuten kam der Verkäufer wieder und präsentierte mir dann die schönsten Stoffe, die er im Laden hatte. Der Laden duftete sehr angenehm, leise Musik wirkte entspannend, die junge Inderin, die meinen Nacken massierte, war sehr einfühlsam und ich fühlte mich wie eine Königin. Die eigentlichen Produkte, also die Stoffe, die mich interessierten, wurden in einem perfekten Rahmen präsentiert, was dazu führte, dass sie noch höherwertiger und attraktiver erschienen als sonst. Nicht die Produkte an sich, die ohnehin schön waren, haben mich in letzter Instanz überzeugt, sondern der persönliche und angenehme Umgang, in dem ich mich als Mensch besonders und wertgeschätzt fühlte. Wahrscheinlich muss ich auch nicht erwähnen, dass ich mehr gekauft habe, als ich mir vorgenommen hatte, oder?

Der passende Rahmen

Wenn Sie also Menschen von Ihren Ideen, Produkten oder Dienstleistungen überzeugen wollen, dann überlegen Sie gleichzeitig auch den Rahmen, der für größtmöglichen Wohlfühlfaktor sorgt. Alles, was negative Gefühle oder Störungen verursacht, sollten Sie in einer Überzeugungssituation möglichst vermeiden. Nicht zufällig werden in manchen Geschäften angenehme Düfte versprüht oder besondere Lichtverhältnisse geschaffen: Diese sinnlichen Eindrücke werden bewusst inszeniert, um unser Wohlbefinden zu steigern und eine Einkaufssituation zu einem unvergesslichen Erlebnis zu machen.

Sie merken – nur wenn Sie Ihren Gesprächspartner respektieren und sich ehrlich um ihn bemühen, werden Sie eine positive Resonanz und die Chance bekommen, mit Ihrem Angebot zu überzeugen. Seien Sie kreativ und wertschätzend und betrachten Sie jede Überzeugungssituation als etwas Besonderes und Sie werden staunen, wie positiv die Resonanz sein wird, die Ihnen Ihre Gesprächspartner zurückspiegeln. Anstatt eines 08/15-Angebots sorgen Sie für Begeisterung, die zu einem unvergesslichen emotionalen Erlebnis führt.

9.5 Operante Konditionierung in Überzeugungsprozessen

Hundebesitzer wissen das schon lange: Wenn ein Hund ein Stöckchen holen soll, dann macht er das sehr gerne, wenn er dafür ein Leckerli bekommt. Und wenn er das besonders gerne machen soll, dann sollte man diese Übung so oft wie möglich wiederholen. Es handelt sich dabei um eine Methode, die in der Verhaltenspsychologie „operante Konditionierung" genannt wird.

In Kurzfassung bedeutet das: Ein erwünschtes Verhalten sollte mit einem angenehmen Reiz verbunden sein, sodass die Wiederholungswahrscheinlichkeit größer wird. Als Gegenpol dazu sollte ein unerwünschtes Verhalten sanktioniert oder einfach nicht belohnt werden, sodass sich das Verhalten eben nicht lohnt und somit nicht ausgeführt wird.

Verhaltenspsychologie wird auch als Lernpsychologie bezeichnet, da wir aufgrund der oben beschriebenen Verhaltensgesetze sehr schnell lernen, welche unserer Verhaltensweisen den größten Vorteil für uns bringen. Die moderne Pädagogik, Erziehung und Führungsprozesse in Unternehmen beruhen auf diesem verhaltenspsychologischen Modell. Bereits in der Schule werden wir durch das Notensystem in unserem Verhalten konditioniert. Fleißige und lernwillige Schüler werden durch gute Noten belohnt. Schlechte Noten bedeuten im Gegenzug eine Bestrafung, die sich im schlimmsten Fall auf den gesamten Lebensverlauf eines Kindes auswirken kann. In Unternehmen wird Verhaltenspsychologie geschickt eingesetzt, um Mitarbeiter zu motivieren, bessere Ergebnisse zu erzielen oder höhere Umsätze zu erwirtschaften. Das beste Beispiel dazu sind die variablen Provisionen, die vom erreichten Umsatz des Mitarbeiters abhängig gemacht werden. Bei gutem Umsatz werden höhere Provisionen ausgezahlt und bei schlechtem niedrige oder gar keine. So lernt der Mitarbeiter sehr schnell, entsprechend zu handeln und sein Verhalten zum eigenen Vorteil und zum Vorteil des Unternehmens zu modifizieren.

Überzeugen durch Anerkennung

Wenn wir Menschen überzeugen wollen, bestimmte Arbeiten zu erledigen, dann sollten wir sie für die guten Ergebnisse belohnen, sei es durch ein verbales Lob oder ein Lächeln. Die Energie folgt der Aufmerksamkeit: Wenn wir ein Verhalten besonders positiv hervorheben, wird das mit höherer Wahrscheinlichkeit von unserem Gegenüber wiederholt, weil es mit positiven emotionalen Reaktionen in Zusammenhang gebracht wird.

„Nicht gerügt ist genug gelobt!" – wer dieses Motto verfolgt, der weiß nicht, was Menschen motiviert. Mitarbeiter, die konsequent für gute Ergebnisse gelobt werden, zeigen deutlich höhere Motivation und bessere Ergebnisse als diejenigen, die trotz guter Arbeit ignoriert werden. Lenken Sie daher Ihren Fokus auf die positiven Eigenschaften Ihres Gegenübers. Suchen Sie dabei nach Verhaltensweisen, die für Ihre Zusammenarbeit nützlich und vorteilhaft sind. Sprechen Sie aus, was Ihnen gefällt, und zeigen Sie damit Ihre Anerkennung – dadurch wird erwünschtes Verhalten bestärkt. Erklären Sie auch, warum Sie dieses Verhalten gut finden – das führt zur Steigerung des Lerneffekts. Eine positive Konditionierung können Sie ebenso durch kleine Dankesgesten oder Aufmerksamkeiten erschaffen, zum Beispiel nachdem ein Kunde bei Ihnen ein Produkt gekauft hat oder wenn Sie von einem Kollegen eine außergewöhnliche Unterstützung bekommen.

Lob, Anerkennung und eine Dankesgeste zeichnen Sie als faire und freundliche Persönlichkeit aus, die dem anderen den Erfolg gönnt. Und wie immer im Leben: Das, was Sie geben, bekommen Sie früher oder später auch zurück, möglicherweise gerade dann, wenn es darum geht, ein neues Projekt oder eine neue Idee durchzusetzen.

Auch Kritik kann ebenso positiv formuliert werden. Zeigen Sie zum Beispiel als Führungskraft Handlungsalternativen auf, was nächstes Mal besser gemacht werden kann. Wenn Sie außerdem daran denken, den zweiten besseren Versuch des Mitarbeiters durch Lob wertzuschätzen und anzuerkennen, dann ist Ihnen seine Loyalität sicher.

Überzeugen durch positive Rituale

Das Konditionierungs-Prinzip können Sie bewusst herbeiführen, indem Sie positive Rituale schaffen, die Sie in regelmäßigen Abständen wiederholen. Als Führungskraft sollten Sie regelmäßige Team-Meetings oder Feedback-Gespräche nicht unterschätzen. Sie sind sehr wichtig, um zu zeigen, dass Sie präsent sind und dass Sie ein offenes Ohr für Ihre Mitarbeiter haben.

Leider durfte ich in meinen Business-Coachings feststellen, dass nicht viele Führungskräfte wissen, welche große Bedeutung eine Regelmäßigkeit für ihre Überzeugungskraft hat. Manche betrachten sogar regelmäßige Meetings als zeitraubend oder teuer, weil „produktive Zeit" dafür verloren geht. Das ist eine verkehrte Einstellung, denn Rituale schaffen Verbundenheit und Vertrauen, stärken den Teamgeist und bieten die Möglichkeit, sich gegenseitig zu inspirieren und bewusst wahrzunehmen. Menschen verhandeln mit Menschen und nicht mit den Waren oder Dienstleistungen; daher ist es wichtig, ständig nah an den Menschen zu sein, sie in unterschiedlichen Situationen wahrzunehmen und dadurch ihre Bedürfnisse besser kennenzulernen. Des Weiteren können Sie auch manche Ihrer Ideen strategisch, taktisch und argumentativ besser vorbereiten, indem Sie im Vorfeld dafür wichtige Informationen und Meinungen sammeln. Dafür müssen Sie nicht gleich mit der Tür ins Haus fallen; es reicht vorzufühlen, wie die allgemeine Einstellung zu einem bestimmten Thema ist.

Denken Sie immer daran, dass ein Überzeugungsprozess langfristig zu betrachten ist und dass eine Überzeugung meistens über einen längeren Zeitraum wächst. Setzen Sie bei Veränderungsprozessen lieber auf kleine, aber stetige Schritte statt auf große „Veränderungskracher".

Nicht nur als Führungskraft, sondern auch als Mitarbeiter sollten Sie auf positive Rituale setzen, um Ihren Vorgesetzten von Ihrer guten Arbeit zu überzeugen. Wie können Sie das machen? Viele Mitarbeiter melden sich beim Chef erst, wenn es Probleme oder Schwierigkeiten gibt, und selten, wenn etwas gut läuft. Das ist eine negative Konditionierung, die

Ihrem Image nicht guttut. Nach dem Sie bereits zum vierten Mal mit einem Problem zu Ihrem Chef gekommen sind, haben Sie ihn auf Probleme konditioniert. Besser gesagt, er wird Ihre Person zunehmend mit Problemen in Verbindung bringen.

Besser ist es, regelmäßig über Ihre Erfolge zu sprechen. Das müssen nicht immer außergewöhnliche Leistungen sein, sondern auch kleinere positive Nachrichten, die für eine gute Stimmung sorgen. Hiermit bauen Sie eine Vertrauensstraße und eine produktive Beziehung auf, die sowohl für eine Zusammenarbeit als auch für Ihr Image gut ist. Wenn es dann Schwierigkeiten oder Probleme gibt, können Sie das mit positiver Berichterstattung wieder ausgleichen.

In diesem Kapitel haben Sie erfahren, mit welchen Verhaltensweisen Sie in der Überzeugungsarbeit punkten können. Der Betrachtungsfokus lag auf Ihrem persönlichen Verhalten und der Wirkung, die Sie so auf Ihre Gesprächspartner ausüben.

Darüber hinaus gibt es noch eine Reihe weiterer verhaltenspsychologischer Gesetze, die soziale Interaktionen beeinflussen. Mehr dazu erfahren Sie im nächsten Kapitel.

10. Überzeugung und Sozialpsychologie

Der US-amerikanische Psychologe und Sozialwissenschaftler Robert B. Cialdini hat sich mit seinem Team auf soziale Phänomene der Beeinflussung spezialisiert. Er ist wahrscheinlich der meistzitierte Wissenschaftler, wenn es um sozialpsychologische Verhaltensgesetze der Überzeugung geht. In den letzten Jahrzehnten hat er durch ausgiebige Testverfahren und Sozialforschungen nachgewiesen, durch welche Strategien und Prinzipien sich Menschen im sozialen Kontext leichter von etwas überzeugen lassen. Diese Prinzipien wirken sehr subtil auf unser Unterbewusstsein, da es sich um konditionierte Verhaltensweisen handelt, die uns über Jahrtausende in unserem sozialen Verhalten geprägt haben.

Im Folgenden werden Sie erfahren, wie diese Prinzipien funktionieren und wie Sie sie für Ihre Überzeugungsarbeit nutzen können.

10.1 Wie du mir, so ich dir: das Resonanz-Prinzip

In der Fachsprache ist das in der Überschrift genannte Prinzip bekannt als „Revanche-“ oder „Reziprozitäts-Prinzip“. Es beruht auf sozialem Ausgleich, Gerechtigkeit und Dankbarkeit. Darüber hinaus geht es auch um das „Resonanz-Prinzip“, was bedeutet, dass Sie genau das bekommen, was Sie zuerst selbst bereit sind zu geben.

Das Resonanz-Prinzip verpflichtet

Wie funktioniert dieses Prinzip? Die meisten Menschen empfinden Dankbarkeit, wenn sie etwas kostenlos erhalten, und revanchieren sich für das erhaltene „Geschenk“ mit einer Gegenleistung. Bestimmt haben auch Sie sich schon einmal verpflichtet gefühlt, auf eine Aufmerksamkeit zu reagieren, auch wenn Sie nicht um sie gebeten haben.

Beispiele für das Resonanz-Prinzip

Wenn Ihnen beispielsweise im Feinkostladen von der freundlichen Verkäuferin angeboten wird, die neue Wurst zu probieren: Würden Sie Nein sagen, wo doch die Wurst so lecker duftet und die Verkäuferin sehr freundlich ist? Sobald Sie zum Probestückchen greifen, setzt ein psychologischer Mechanismus, ein Trigger, an und Sie möchten sich für diese Freundlichkeit revanchieren. Vielleicht bekommen Sie noch ein oder zwei feine Stückchen zusätzlich als Kostprobe, und spätestens dann sind Sie bereit, die Wurst zu kaufen.

Oder nehmen wir als Beispiel ein Probe-Abonnement einer Zeitschrift: Zuerst erhalten Sie einige Ausgaben kostenlos, in der Hoffnung, dass Sie sich für diese Zeitschrift begeistern und nach der Testphase regulär abonnieren und dafür bezahlen.

Es gibt weitere unzählige Beispiele: Schenken Sie einem Menschen ein Lächeln und er wird zurücklächeln. Machen Sie einem Menschen ein Kompliment und er wird sich mit einem Gegenkompliment bei Ihnen bedanken. Bereits im Kindesalter funktioniert dieses Prinzip sehr gut: Die Kinder, die andere Kinder zum Geburtstag einladen, werden selbst auf die nächste Geburtstagsparty eingeladen.

Das Resonanz-Prinzip wirkt nach

Beruflich hilft es Ihnen, das Resonanz-Prinzip zu benutzen, wenn Sie die Unterstützung Ihrer Kollegen brauchen:

- Seien Sie selbst freundlich und hilfsbereit, wenn Sie merken, dass Ihre Kollegen überfordert sind.

- Bringen Sie ab und zu einfach so Pralinen oder Kuchen mit und machen Sie Ihren Kollegen damit eine Freude.
- Wenn Sie selbstständig sind, empfehlen Sie Ihre Kooperationspartner an Ihre Kontakte weiter und helfen Sie ihnen so, neue Kunden zu generieren.
- Schicken Sie einem Kunden eine wertvolle Information oder ein Buch, wenn Sie meinen, dass es für ihn nützlich ist, und berechnen Sie diese Kleinigkeit nicht.

Bei diesem Überzeugungsprinzip ist es wichtig, dass kleine Geschenke eine persönliche Wertigkeit und einen persönlichen Nutzen für den Empfänger haben, sodass er sich wirklich darüber freut und bereit ist, sich bei der nächsten Gelegenheit bei Ihnen zu revanchieren, indem er Ihr Angebot oder Ihre Idee akzeptiert. Die Art und die Qualität des Geschenks werden vom Empfänger im Gedächtnis gespeichert und mit Ihrer Person in Verbindung gebracht; daher ist es wichtig, dass das kleine Geschenk Ihr Image positiv unterstreicht.

Beispiel: Das Resonanz-Prinzip falsch verstanden

Eine frühere Bekannte pflegte von ihren Urlaubsreisen verschiedene Werbegeschenke mitzubringen, zum Beispiel einen Kugelschreiber aus dem Hotel oder ein Feuerzeug vom Kreuzfahrtschiff. Beim nächsten Wiedersehen überreichte sie mir diese Mitnahmeartikel ganz festlich als Geschenk. In mir bewirkte das allerdings alles andere als Dankbarkeit und Verpflichtung, äußerte sich darin doch eine fragwürdige Wertschätzung gegenüber meiner Person.

Ich bat sie schließlich, von solchen „Geschenken“ abzusehen, denn weder machten sie mich glücklich noch wollte ich mich für so etwas in der Zukunft revanchieren müssen.

Im Beispiel oben wird deutlich, dass das Resonanz-Prinzip völlig danebengegangen ist, weil der persönliche Nutzwert und die persönliche Wertschätzung – sei es auch unbewusst – nicht vorhanden waren.

Wenn Sie mit dem Resonanz-Prinzip überzeugen möchten, dann achten Sie auf Folgendes:

- Seien Sie aktiv und tun Sie den ersten Schritt, indem Sie zuerst Ihrem Gegenüber etwas schenken.
- Schenken Sie nur etwas, worüber sich Ihr Gegenüber wirklich freut und das einen nachweisbaren Nutzen hat. Eine Personalisierung macht Ihr Geschenk zu etwas ganz Besonderem und erhöht nochmals die Wertigkeit.
- Achten Sie darauf, dass Sie bei der Geschenkübergabe aufrichtig freundlich sind und Ihrem Gegenüber die Freude wirklich gönnen. Vermeiden Sie Aufmerksamkeiten zwischen Tür und Angel und handeln Sie nicht aus sichtbarem Kalkül.
- Verlangen Sie niemals für Ihre Aufmerksamkeit sofort eine Gegenleistung – die muss vom Empfänger selbst kommen. Betrachten Sie dies als Einzahlung auf ein „Freundlichkeitskonto", das eines Tages vielleicht wertvolle Zinsen zurückgibt.
- Wenn Sie merken, dass jemand Ihre Freundlichkeit ausnutzt, frei nach dem Motto: „Beim Nehmen nicht schämen", hören Sie sofort mit dieser Überzeugungsstrategie auf. Es gibt manche Menschen, die sehr egozentrisch und undankbar sind und kein Interesse an guten und langfristigen Beziehungen haben. Lassen Sie sie gehen und wenden Sie sich den Menschen zu, die Ihre Bemühungen anerkennen.

10.2 Rar und wertvoll: das Knappheits-Prinzip

Kennen Sie das Gefühl, wenn Sie an einem Geschäft vorbeigehen und zum Beispiel ein traumhaftes Paar Schuhe sehen? Sie gehen hinein und möchten sie anprobieren, aber Ihre Größe ist nicht ausgestellt und der Verkäufer schaut im Lager nach. Insgeheim drücken Sie die Daumen, dass er zurückkommt mit dem „Objekt der Begierde" in Ihrer Größe. Nach ein paar Minuten ist er da, überreicht Ihnen die Schuhe mit einem strahlenden Lächeln und sagt: „Sie haben Glück, das ist das allerletzte Paar, das wir im Lager haben."

Sie probieren die Schuhe an und sie passen perfekt. Der Preis ist zwar hoch und eigentlich haben Sie gar nicht daran gedacht, heute teure Schuhe zu kaufen, aber jetzt, wo Sie doch so ein Glück haben, das letzte Paar zu ergattern ... Sie zögern nicht lange und kaufen die Schuhe voller Überzeugung, dass Sie heute vom Glück verfolgt sind! Sie befinden sich gerade zum richtigen Zeitpunkt am richtigen Ort, und deshalb ist es wichtig, eine schnelle Entscheidung zu treffen.

Was ist hier passiert? Sie haben sich schnell überzeugen lassen, weil Ihre Wahrnehmung durch das sogenannte Knappheits-Prinzip beeinflusst wurde: Was rar ist, ist wertvoll.

Das Knappheits-Prinzip schürt Exklusivität

Dahinter steckt ein Bedürfnis, etwas Besonderes und Wertvolles zu besitzen, um damit mehr Anerkennung und Bewunderung aus dem sozialen Umfeld zu bekommen. So kaufen Menschen Antiquitäten, künstlerische Unikate und maßgeschneiderte Kleidung, weil diese sehr selten und wertvoll sind und sie ihren Trägern bzw. Besitzern selbst einen höheren Wert verleihen. Darüber hinaus wäre der Schmerz groß, wenn wir ein besonderes Angebot jemand anderem überlassen würden, der uns damit in den Schatten stellt. Natürlich geht es hier auch um Exklusivität, Eitelkeit und Prestige und damit letztendlich um einen höheren sozialen Rang.

Das Knappheits-Prinzip wirkt auch dann, wenn es sich um sogenannte Sonderangebote oder limitierte Angebote handelt, die entweder von der Stückzahl begrenzt oder nur für einen kurzen Zeitraum verfügbar sind.

Beispiel aus der Modebranche für das Knappheits-Prinzip

Der Modekonzern H&M beispielweise wurde bekannt für diese Strategie und stellte immer wieder besondere Kollektionen bekannter Designer vor, die exklusiv für dieses Modehaus kreiert wurden. Solche Kollektionen waren so begehrt, weil sie nur einmal produziert wurden und sowohl in der Stückzahl als auch zeitlich limitiert waren. Auch bei höheren Preisen als für normale H&M-Artikel waren diese Sonderkollektionen außerordentlich gut nachgefragt und sehr schnell ausverkauft.

Das Knappheits-Prinzip motiviert

Wie können Sie das Knappheits-Prinzip nutzen, um Menschen leichter von Ihrer Idee zu überzeugen? Im beruflichen Leben können Sie zum Beispiel als Führungskraft Powerteams bilden, die eine besondere Aufgabe bekommen, die nicht von jedem Mitarbeiter erfüllt werden kann. Durch die Exklusivität und begrenzte Anzahl der Teammitglieder steigt die Begehrlichkeit und die außerwählten Mitarbeiter sind stärker motiviert und bereit, bessere Ergebnisse zu liefern. Um die Wirkung des Knappheits-Prinzips noch zu verstärken, können Sie eine interne „Bewerbungsphase" vorschalten. Dann müssen sich Mitarbeiter für diese Aufgabe bewerben, indem sie beschreiben, warum gerade sie sie besonders gut erfüllen können.

Insbesondere in Vertriebsorganisationen ist auch die Nominierung eines „Mitarbeiters des Monats" sehr beliebt. Für besondere Leistungen bekommt er auch eine besondere Anerkennung.

Wenn Sie ein Unternehmen führen, können Sie Ihren Kunden von Zeit zu Zeit limitierte Angebote unterbreiten, die sich in Umfang oder Qualität vom klassischen Angebot besonders abheben. Die limitierten Angebote dürfen preislich durchaus über dem üblichen Durchschnitt liegen, denn so erfüllen sie das Kriterium „Exklusivität".

Wenn Sie mit dem Prinzip der Knappheit überzeugen möchten, dann achten Sie auf Folgendes:

- Überlegen Sie im Vorfeld gut, was für Ihr Gegenüber wertvoll und begehrenswert ist.
- Erstellen Sie ein Angebot, in dem Sie die Exklusivität deutlich und transparent kommunizieren, und stellen Sie es in Kontrast zu den üblichen Angeboten.
- Die Limitierung muss entweder zeitlicher oder quantitativer Natur sein. Sie können beide Limitierungen kombinieren, um mehr Wirkung zu erzielen, z.B. „Wir haben nur noch zwei VIP-Karten im Angebot. Der Verkaufsschluss ist morgen um 15 Uhr."
- Seien Sie konsequent, das bedeutet: Machen Sie absolut keine Ausnahme. Zwei Karten sind zwei Karten und 15 Uhr ist 15 Uhr. Wenn Sie danach doch noch Ihr Angebot verlängern, verlieren Sie strategisch an Glaubwürdigkeit, möglicherweise für immer.
- Gehen Sie sparsam mit Exklusiv-Angeboten um, da sie ansonsten doch als Standard angesehen werden können und somit an Überzeugungskraft verlieren. Die Abnutzung einer Idee, wenn sie zu oft auf die gleiche Art wiederholt wird, nennt sich im Marketing auch „Wear-out-Effekt" oder „Abnutzungseffekt". Weniger und pointiert ist bei diesem Überzeugungsprinzip eindeutig mehr.

10.3 Ohne Yin kein Yang: das Kontrast-Prinzip

Stellen Sie sich eine wunderschöne Sommervollmondnacht vor. Der Himmel ist ganz schwarz, keine Wolke weit und breit, und oben leuchtet der Mond in seiner vollen Schönheit. Vielleicht sehen Sie noch links und rechts ein paar blinkende Sterne, die dieses Naturbild abrunden.

Und jetzt stellen Sie sich einen hellen, weißen Himmel vor und darin denselben hellen Mond. Schwierig, oder? Bei der ersten Vorstellung konnte der Mond nur deshalb so schön leuchten, weil der Hintergrund schwarz war. Bei der zweiten Vorstellung verliert sich dieser Effekt, weil sich der weiße Mond von dem gleichfarbigen Hintergrund nicht wirklich abheben kann.

Hier zeigt sich das Prinzip der menschlichen Wahrnehmung: Alles, was sich vom Hintergrund deutlich abhebt, nehmen wir als wichtig und bedeutsam war. Es geht um das sogenannte Kontrast-Prinzip. Bereits in der alten chinesischen Philosophie, insbesondere im Daoismus, stehen zwei entgegengesetzte Kräfte in Bezug zueinander und können nur in ihrer Gegensätzlichkeit ihre volle Kraft entfalten: Yin und Yang. Dabei steht das schwarze Yin für Dunkelheit, Weichheit, Kälte, Weiblichkeit und Ruhe und das weiße Yang für Helligkeit, Härte, Hitze, Männlichkeit und Aktivität.

Das Kontrast-Prinzip setzt Maßstäbe

Für uns Menschen ist es kaum vorstellbar, etwas ohne Gegensätzlichkeit zu empfinden oder zu bewerten. Da wir also überall Kontraste und Polaritäten als Maßstab suchen, können wir diese bewusst nutzen, um Menschen für unsere Idee leichter zu gewinnen. Wie funktioniert das?

Beispiel: Das Kontrast-Prinzip im Schmuckverkauf

Mal angenommen, Sie möchten Ihrer zukünftigen Frau einen Verlobungsring kaufen. Sie gehen zum Juwelier Ihres Vertrauens und begutachten sein Angebot. Ein schlauer Juwelier würde Ihnen niemals nur einen Ring zeigen, sondern immer mindestens zwei oder drei zum Vergleich. Möglicherweise zeigt er Ihnen zuerst einen unscheinbaren, dafür sehr teuren Ring und Sie fragen sich, warum dieser Ring so viel wert ist. Danach zeigt er Ihnen einen äußerst prunkvollen, exklusiven Ring, der zwar wirklich toll aussieht, aber noch viel teurer ist als der erste, quasi der Ferrari unter den Ringen, und Ihr Budget absolut übersteigt. Sie bekommen möglicherweise schon leichte Schweißausbrüche und fragen sich, ob Sie die Verlobung nicht um ein paar Monate verschieben sollten, da sie offensichtlich teurer wird, als Sie dachten.

Und dann … holt der Juwelier den Ring heraus, der zu hundert Prozent Ihren Vorstellungen entspricht: wunderschön, edel, strahlend und vor allem – bezahlbar!!! Sie sind absolut davon überzeugt, dass Sie sich mit diesem Ring bei Ihrer Verlobten nicht blamieren werden. Sichtlich erleichtert, entscheiden Sie sich für das letzte Angebot und kaufen den Ring.

Möglicherweise haben Sie gar nicht gemerkt, dass der Verkäufer Sie mit dem Kontrast-Prinzip überzeugt und Ihre Entscheidung beeinflusst hat. Erst im Vergleich mit zwei anderen Ringen (einem unscheinbaren und einem extrem teuren) hat Ihr Verlobungsring seine volle Wirkung entfalten können.

Beispiel: Das Kontrast-Prinzip im Immobilienverkauf

Auch bei Immobilienmaklern ist dieses Prinzip sehr beliebt: Zwischen einem etwas heruntergekommenen Objekt und einer für das Kundenbudget viel zu teuren Prachtvilla wird die angedachte Immobilie geschickt in der Mitte platziert und der Kunde schlägt erleichtert zu. Im Vergleich mit den beiden anderen Objekten erscheint ihm „seine Immobilie" noch viel attraktiver, als sie es ohne Vergleichsangebote gewesen wäre.

Diese Überzeugungsstrategie wird generell im Handel gerne genutzt: Vor die Wahl zwischen einem billigen und einem sehr teuren Produkt der gleichen Art gestellt, entscheiden sich die meisten Kunden für die „goldene Mitte", also für ein Produkt, das erst im Kontrast zu den beiden anderen leichter über die Theke geht.

Wie aber können Sie dieses Überzeugungsprinzip in Ihrem Alltag nutzen, um Entscheidungen zu beeinflussen?

Das Kontrast-Prinzip verstärkt die Wirkung

Machen Sie Ihrem Geschäftspartner mindestens zwei oder drei Angebote, sodass er sich für das für ihn attraktivste Angebot entscheiden kann.

Wenn Sie einen Mitarbeiter motivieren wollen, eine besondere Aufgabe zu übernehmen, dann stellen Sie eine schwierige und eine leichtere Variante vor. Der Mitarbeiter wird sich wahrscheinlich für das „kleinere Übel" entscheiden. Und vielleicht fällt Ihnen noch auf: Es geht nicht darum, *ob* er eine Aufgabe übernimmt, sondern *welche*. Sie vermeiden mit dieser Strategie also Diskussionen. Der Mitarbeiter hat eine Wahl und deshalb stimmt er freiwillig einer der beiden Aufgaben zu.

Auch die bewährte Aussage „Ich habe eine gute und eine schlechte Nachricht für Sie" folgt dem Yin-und-Yang-Prinzip. Wenn Sie zuerst die schlechte Nachricht übermitteln, wirkt die gute durch den Kontrast noch stärker. Die Enttäuschung und der Schmerz über die erste Nachricht verstärken die Freude über die positive Nachricht.

Wenn Sie mit dem Kontrast-Prinzip überzeugen möchten, dann achten Sie auf Folgendes:

- Überlegen Sie zuerst, für welche Idee Sie die Zustimmung Ihres Gegenübers gewinnen möchten.
- Erweitern Sie diese Idee um zusätzliche Schwierigkeitsgrade, die für Ihr Gegenüber äußerst unattraktiv sind. Nicht alle angebotenen Optionen müssen jedoch erfüllt werden.
- Stellen Sie zuerst die unattraktivere Variante als einzige vor und versuchen Sie die Zustimmung Ihres Gegenübers zu bekommen.
- Stellen Sie erst danach die zweite Variante vor. Auf Ihr Gegenüber wirkt das als Entgegenkommen. Er kann jetzt selbst wählen, welche Variante für ihn annehmbarer ist.
- Achten Sie immer darauf, dass auch Ihr Gegenüber von Ihrer Idee einen wirklichen Nutzen hat. Ist das nicht der Fall, wird er beide Varianten als wenig attraktiv bewerten und Sie müssen mit großem Widerstand rechnen.

10.4 Auf das Wie kommt es an: das Attraktivitäts-Prinzip

Erinnern Sie sich noch an die Weihnachtsfeste Ihrer Kindheit? Die wunderschön verpackten Geschenke, die unter dem leuchtend dekorierten Weihnachtsbaum lagen, sorgten bei Kindern und Erwachsenen für leuchtende Augen. Und vermutlich ist es für Sie bis heute so: Der tolle Duft der selbst gebackenen Kekse, die angezündeten Kerzen, die harmonischen Klänge der Weihnachtslieder runden das Erlebnis ab und machen Weihnachten zu einem besonderen Fest, das das ganze Jahr über in Erinnerung bleibt. Entsprechen dann noch die Geschenke genau dem geheimen Wunsch, ist die Euphorie grenzenlos. Kinder genauso wie Erwachsene sind dann überwältigt: Ihre Erwartungen wurden nicht nur erfüllt, sondern auch übertroffen; sie sind nicht nur überzeugt, sondern begeistert.

Sozialwissenschaftler sind sich einig: Wir lassen uns leichter von einer Sache überzeugen, wenn wir eine Situation als schön und angenehm empfinden. Aus diesem Grund werden Schaufenster zur Weihnachtszeit besonders attraktiv dekoriert. Auch der angenehme Duft und die schmeichelnde Beleuchtung sind heute ein Verkaufsstandard, um eine möglichst angenehme Atmosphäre beim Geldausgeben zu schaffen. Ein freundlicher Verkäufer wird zudem immer mehr Umsatz machen als ein schlecht gelaunter Kollege. Und genauso gilt: In einem stilvoll eingerichteten und gepflegten Konferenzraum werden eher Vertragsabschlüsse erzielt als in einem dunklen, muffigen Zimmerchen.

Das Attraktivitäts-Prinzip bringt in Stimmung

Beim Lesen hatten Sie vielleicht den Eindruck, alle beschriebenen Situationen seien ganz selbstverständlich. Dennoch treffen Sie, genauso wie ich, wahrscheinlich sehr oft auf Negativbeispiele, auf mangelnde Wertschätzung, Unfreundlichkeit und Abwertung, sei es im Management oder im Verkauf.

Viele Menschen sind in Überzeugungsgesprächen viel zu viel mit dem sachlichen Inhalt und viel zu wenig mit der Art der Präsentation beschäftigt, obwohl gerade die zweite Komponente für emotionale Zustimmung sorgt. Was schön und angenehm ist, entscheidet immer derjenige, den wir von unserer Sache überzeugen möchten. Anerkennende Worte und Komplimente berühren den Gesprächspartner nur dann, wenn sie ehrlich und aufrichtig gemeint sind. Das Gleiche gilt auch für das Lächeln: Ein professionelles Dauergrinsen, das nicht aus dem Herzen kommt, wird eher abstoßend als anziehend wirken. Eine echtes Lächeln und gute Laune hingegen sind ansteckend und werden gerne angenommen. Wenn Sie wirklich mit dem Attraktivitäts-Prinzip überzeugen möchten, müssen die kleinen Aufmerksamkeiten, die für ein Wohlgefühl bei Ihrem Gesprächspartner sorgen, aus Ihrem Empathie-Empfinden kommen und individuell abgestimmt werden.

Das Attraktivitäts-Prinzip schafft Erinnerungen

Es gibt noch eine psychologische Erkenntnis im Zusammenhang mit Attraktivität und Schönheit, die auf die Erkenntnisse des Psychologen und Nobelpreisträgers in Ökonomie, Daniel Kahneman, zurückgeht: Planen Sie in einem Überzeugungsgespräch bzw. in einer Überzeugungssituation bewusst zwei attraktive Höhepunkte ein. Das von Kahneman beschriebenes Phänomen heißt „Peak-End-Effect" und besagt, dass sich unsere Wahrnehmung und unsere Erinnerung an den zwei wichtigsten Punkten eines Erlebnisses orientieren: an einem Peak-Erlebnis (höchste emotionale positive Erfahrung während einer Begegnung) und einem End-Erlebnis (das Abschluss-Erlebnis). Was dazwischen liegt, bleibt nur schleierhaft im Gedächtnis.

Charismatische Menschen wissen um diese Wirkung. Sie drehen sich zum Beispiel bei der Verabschiedung nochmals um, strahlen ihren Gesprächspartner mit einem warmen und herzlichen Lächeln an und winken freundlich. Das ist das „Sahnehäubchen" einer Begegnung, die dann unvergesslich bleibt. Wenn Sie als besonders attraktiv und überzeugend wahrgenommen werden möchten, nutzen Sie diese Erkenntnis und überraschen Sie Ihre Gesprächspartner mit unerwarteten Highlights.

Wie können Sie also das Attraktivitäts-Prinzip in Ihrem Alltag nutzen, um Menschen positiv zu beeinflussen?

- Seien Sie einfach selbst ein Gewinn für andere Menschen – in Ihrem positiven Denken und Verhalten sowie in der Wertschätzung gegenüber den anderen.
- Lassen Sie Ihre schlechte Laune zu Hause und zeigen Sie Interesse für andere Menschen.
- Überraschen Sie Ihre Mitmenschen mit Ihrer aufmerksamen Art und machen Sie andere glücklich.
- Je mehr Sie anderen verhelfen, erfolgreicher und größer zu werden, umso mehr werden Sie geschätzt.
- Gönnen Sie den anderen ihren Erfolg und sorgen Sie immer für eine Win-win-Situation.
- Achten Sie auf Details und Kleinigkeiten, um jederzeit in einer positiven Erinnerung zu bleiben.
- Achten Sie auch auf Ihr gepflegtes Äußeres. Wissenschaftler haben herausgefunden, dass attraktive und gepflegte Menschen für kompetenter und vertrauenswürdiger gehalten werden als die, die wenig Wert auf ihr Äußeres legen.

Wenn Sie mit dem Attraktivitäts-Prinzip überzeugen möchten, dann achten Sie auf folgende Merkmale:

- Seien Sie der sympathische Sender und machen Sie immer den ersten Schritt. Viele Menschen sind unzufrieden und haben schlechte Laune, was für Sie aber nicht bedeuten muss, auf gleiche Weise zu reagieren. Ihr Charisma und Ihre positive Ausstrahlung sind Ihre Überzeugungsargumente. Sie unterscheiden Sie von nörgelnden Vertretern Ihrer Zunft, auch wenn Ihr Angebot gleich oder sogar schlechter ist.
- Zeigen Sie aufrichtiges Interesse an Ihren Gesprächspartnern und überlegen Sie, welches Gesprächsklima sie als positiv empfinden könnten. Machen Sie aus jeder Überzeugungssituation ein positives

Erlebnis und verstärken Sie das bewusst mit dem Peak-End-Phänomen.

- Suchen Sie nach Gemeinsamkeiten und geben Sie Anerkennung in Form von ehrlich gemeinten Komplimenten. Erkennen und betonen Sie das Schöne, Positive und Attraktive bei Ihren Mitmenschen.
- Achten Sie auf höfliche Umgangsformen und vermeiden Sie in Überzeugungssituationen Hektik und Chaos. Lassen Sie sich immer Zeit, um Vertrauen aufzubauen. Stellen Sie Fragen und hören Sie aufmerksam zu, um mehr über Ihren Gesprächspartner zu erfahren.
- Sorgen Sie für attraktive Angebote, sowohl im Inhalt als auch in Form. Denken Sie immer an Ihr Gegenüber und das, was für ihn attraktiv ist, nach dem Motto „Die Schönheit liegt im Auge des Betrachters".

10.5 Der Silberrücken hat immer recht: das Autoritäts-Prinzip

Ein Silberrücken ist ein erwachsener, männlicher Gorilla, der um das zwölfte Lebensjahr sein silbernes Fell bekommt. Er wirkt aufgrund seines imposanten Körperbaus und seines Aussehens nicht nur sehr dominant, sondern wird in einer Affengruppe von ca. 30 Tieren mit der Führung beauftragt. Er sorgt für Zusammenhalt, Sicherheit, Schutz und Orientierung. Solange der Silberrücken die Führung im Rudel hat, drehen sich alle Entscheidungen um ihn und kein Tier wagt es, sich ihm zu widersetzen. Ein Silberrücken steht somit für absolute und nicht angezweifelte Autorität in einer sozialen Gruppe.

Das Autoritäts-Prinzip bietet Sicherheit und Orientierung

Auch wir Menschen leben in der Regel in sozialen Gruppen zusammen und haben seit frühester Kindheit gelernt, auf Autoritäten zu hören und deren Entscheidungen nicht anzuzweifeln. Angefangen von den Eltern, Großeltern oder älteren Geschwistern über Lehrer in Schulen und an Hochschulen bis hin zu den Vorgesetzten und Vorständen im Unternehmen, reihen sich in unserem Leben verschiedene Autoritäten aneinander. Meistens sind sie die letzte Instanz, um über Richtig oder Falsch zu entscheiden.

Autoritäten geben uns eine Orientierung, die uns davor bewahrt, fehlerhafte Entscheidungen zu treffen. Wenn wir Autoritäten vertrauen, vertrauen wir ihrer fundierten Erfahrung und geben so einen Teil unserer Verantwortung an sie ab. Vielleicht haben Sie auch vor dem ersten Autokauf Ihren Vater mitgenommen, der aufgrund seiner Erfahrung besser beurteilen konnte, ob das Angebot des Autoverkäufers „sauber“ und das Auto für Sie geeignet ist. Mit Ihrem Vater an Ihrer Seite fühlten Sie sich vermutlich sicherer und hatten ein besseres Gefühl, dem Autokauf zuzustimmen oder ihn bei Zweifeln abzulehnen.

Was aber hat das mit Überzeugungsprinzipien zu tun?

Das Autoritäts-Prinzip erleichtert unsere Entscheidungen

Die Antwort auf die eben gestellte Frage ist sehr einfach: Menschen fühlen sich gerade in Verhandlungssituationen oft unsicher und haben Angst, falsche Entscheidungen zu treffen. Ein sicheres Bauchgefühl und gute Argumente reichen manchmal nicht aus, um uns zu überzeugen – wir brauchen zusätzliche Garantien. Da uns im Erwachsenenleben und vor allem im Beruf der Rat unserer Eltern meistens nicht verfügbar ist, suchen wir unbewusst nach Merkmalen von Autorität, die uns Sicherheit geben und uns in der Richtigkeit unserer Entscheidung bestätigen. So fühlen wir uns weniger alleine gelassen mit unserer Verantwortung und dem Fakt, dass wir später für unsere Entscheidungen geradestehen müssen.

Beispiel: Zertifizierungen und Titel als Qualitätsmerkmal

Ein gutes Beispiel für das Autoritäts-Prinzip im Verkauf sind Qualitätsnachweise und Zertifikate, die durch bekannte und anerkannte Institutionen, wie z.B. die Stiftung Warentest, ausgestellt werden. Insbesondere in westeuropäischen Ländern dreht sich alles um Qualitätssiegel und DIN- oder ISO-Zertifizierungen, die garantieren, dass Produkte gut und sicher sind.

Aber nicht nur bei Produkten verlangen wir Garantien, sondern auch im persönlichen Kontakt mit Menschen: Ein „Prof. Dr. Dr. Jurist" hat in unseren Augen mehr Autorität als ein „einfacher" Buchhalter – zumindest dann, wenn es darum geht, einen qualifizierten Rat einzuholen. Ein bekannter „Prof. Dr. Chirurg", der eine Privatklinik in der Schweiz leitet, wird höher angesehen sein als ein ambulanter Chirurg um die Ecke, wobei beide möglicherweise gleich gut arbeiten. Der „Silberrücken", also der höhere Rang, hat in solchen Fällen eben eher recht als der niedriger positionierte Vertreter.

Beispiel: Gute (Abschluss)-Zeugnisse als Qualitätsmerkmal

Schon bei der Suche nach dem ersten Job erleben junge Bewerber, was es bedeutet, eine Autoritätsmacht hinter sich zu haben: Hochschulabsolventen mit Auszeichnung werden von den besten Unternehmen direkt rekrutiert und müssen sich um den ersten Karriereschritt keine Gedanken machen. Ihr herausragendes Abschlusszeugnis bestätigt, dass sie gut sind, auch wenn sie vielleicht in der beruflichen Praxis zunächst noch unsicher wirken.

Wer jedoch mit schlechteren Noten abgeschlossen hat, muss sich „hinten anstellen". In vielen Bewerbungsgesprächen müssen solche Absolventen ihr Gegenüber mühsam davon überzeugen, dass sie mehr können, als ihr Notendurchschnitt zunächst vermuten lässt.

Hier wird deutlich: Nicht persönliche Eignung ist in erster Linie wichtig, sondern die „verbriefte" Garantie durch das Abschlusszeugnis. Nach einigen Jahren Berufserfahrung rücken die Noten in den Hintergrund und gute Arbeitszeugnisse treten als Eignungsnachweis an ihre Stelle. Sie sind also die nächste Autoritätsmacht, die entscheidend dafür sein kann, dass Bewerber auf dem Arbeitsmarkt gute Chancen zu haben.

Jede soziale Gruppierung vertraut Autoritäten, die für Maßstäbe und Orientierung sorgen. Deshalb ist es wichtig, herauszufinden, welche das jeweils sind. Manchmal sind das Statussymbole materieller Art, denn die besagen, dass die Person Erfolg hat und daher vieles richtig gemacht hat („Wer reich ist, hat recht"). Manchmal sind das Diplome und Auszeichnungen, denn die besagen, dass diese Person intelligent und fähig ist, auch schwierige Aufgaben zu lösen („Wer gebildet ist, hat recht"). Manchmal sind das aussagekräftige Kundenreferenzen, die garantieren, dass dieses Unternehmen gute Leistungen erbracht hat und in der Zusammenarbeit vertrauenswürdig ist („Wer beste Kunden hat, muss auch zu den Besten gehören"). Manchmal überzeugen die Langlebigkeit und die Tradition eines Unternehmens, wenn es bereits in vierter Generation geführt wird, weil es dadurch garantiert, dass dieses Unternehmen über Jahrzehnte vernünftig gewirtschaftet hat („Wer lange besteht und viele andere überlebt, muss auch recht haben").

Wenn Sie mit dem Autoritäts-Prinzip überzeugen möchten, dann achten Sie auf Folgendes:

- Überlegen Sie zuerst, welche Autoritäten für Ihren Gesprächspartner relevant sind. Mit diesem Wissen können Sie mögliche Ängste oder Unsicherheiten durch einen Autoritätsbeweis entkräften.
- Autoritätsbeweise müssen in direktem Zusammenhang mit Ihrem Angebot stehen. Ein Masterabschluss in Wirtschaftswissenschaften hilft Ihnen beispielsweise wenig, wenn Sie jemanden von Ihren Kochkünsten überzeugen wollen. Eine Ausbildung bei einem bekannten Sternekoch wäre in diesem Kontext sinnvoller.

- Ihre Autoritätsreferenz soll Ihre Überzeugungskraft unterstreichen und niemals in den Schatten stellen. Sonst können Sie schnell unreif und unsicher wirken, wie es zum Beispiel in der folgenden Äußerung zum Ausdruck kommt: „Mein Chef ist der Vorstandsvorsitzende eines internationalen Konzerns." Eine solche Referenz ist wenig zielführend, wenn es um Ihre persönliche Überzeugungskraft geht.
- Versuchen Sie niemals einen Experten-Status nur vorzugeben! Etwas von sich zu behaupten, was man nicht ist, ist dreist und im schlimmsten Fall Betrug. Menschen, die sehr dick auftragen und dabei durchschaut werden, gelten sehr schnell als Hochstapler. Statt sie ernst zu nehmen, wird man sie allenfalls nur milde belächeln. Expertise auf einem Gebiet wird über Jahre oder Jahrzehnte aufgebaut. Ein Musiker braucht beispielsweise mindestens 10.000 Stunden Übung, um hochkarätige Konzerte auf den großen Bühnen zu geben. Einen Fachmann zeichnet aus, dass er auf ein tiefes und fundiertes Wissen und auf Erfahrung zurückgreift und langfristig und nachhaltig auf seinem Expertengebiet überzeugen kann.
- Sammeln Sie für Ihr Expertengebiet Referenzen und Feedback von Ihren Kunden und Kooperationspartnern und präsentieren Sie sie sichtbar Ihrem Gesprächspartner zum richtigen Zeitpunkt. Auch hier gilt: Ehrlich währt am längsten. Lassen Sie die Finger weg von erfundenen Referenzen und bauen Sie Ihr Image auf sauberen Nachweisen auf. Nur so können Sie mit dem Autoritäts-Prinzip langfristig und nachhaltig überzeugen.

10.6 Die Masse macht's: das Schafherden-Prinzip

Vor noch gar nicht so langer Zeit, im Sommer 2014, verbreitete sich ein Ereignis rasend schnell über soziale Medien in der ganzen Welt und sorgte für ein Massenphänomen: die ALS Ice Bucket Challenge. Es ging um eine Spendenaktion für die Erforschung und Heilung der bis dato wenig bekannten Nervenkrankheit Amyotrophe Lateralsklerose (ALS). Die Herausforderung bestand darin, sich einen Eimer kaltes Wasser über den Kopf zu schütteln, sich dabei zu filmen, das Video in sozialen

Netzwerken hochzuladen und mindestens drei weitere Personen zu nominieren, innerhalb der nächsten 24 Stunden dasselbe zu tun. Es bestand auf der anderen Seite auch die Möglichkeit, für die ALS-Stiftung 100 US-Dollar zu spenden, wenn man als Nominierter der Herausforderung nicht nachkommen wollte.

Obwohl sich die meisten Nominierten lieber einen Kübel Eiswasser über den Kopf schütteten, statt zu spenden, kam innerhalb von fünf Wochen zwischen Juli und August 2014 nach Angaben der ALS Association eine imposante Spendensumme von fast 100 Millionen Dollar zusammen. Viele Prominente und Politiker beteiligten sich an dieser Aktion und zeigten damit ihre Solidarität mit den betroffenen Patienten.

Das Schafherden-Prinzip basiert auf Vertrauen in die anderen

Diese äußerst gelungene Spendenaktion lässt sich mit einem sozialpsychologischen Phänomen erklären, das als „social proof" oder „sozialer Beweis" bekannt ist: Wenn viele Menschen etwas tun, muss es auch für mich richtig sein. Es ist zu vergleichen mit dem Herdentrieb: Wenn 100 Schafe in eine Richtung laufen, werden sich weitere 30 Schafe, die gerade vorbeilaufen, der Herde anschließen, auch ohne zu wissen, warum sie das tun und wohin es geht. Ich bezweifle heute noch, dass alle Menschen wussten, welche Symbolik sich hinter dem kalten Wasser bei der Ice bucket Challenge verbarg. Der Sinn der Sache war, das lähmende und schmerzhafte Gefühl, verursacht durch kaltes Wasser, nachzuempfinden, das ALS-Patienten in ihrem Alltag erleben.

Wir haben es hier mit dem Überzeugungsprinzip der sozialen Masse zu tun, der wir fast „blind" vertrauen. Dahinter verbirgt sich ein Bedürfnis nach Zugehörigkeit und Sicherheit. Indem wir uns der Masse anschließen, entsprechen wir der Norm und laufen nicht Gefahr, eine individuelle, möglicherweise auch falsche Entscheidung zu treffen, die uns dann aus dem sozialen Kontext ausgrenzen würde.

Viele Marketingexperten setzen in ihren Überzeugungsstrategien auf diese Erkenntnis, zum Beispiel wenn es darum geht, dem neuen Kunden zu signalisieren, dass bereits Tausende anderer Kunden ein bestimmtes Produkt gekauft haben.

Beispiel: Soziale Bewährtheit in Online-Shops

Wenn Sie schon mal bei Ebay etwas gekauft haben, dann haben Sie bestimmt vor dem Kauf nachgeschaut, wie viele Kunden den Anbieter positiv bewertet haben. Je mehr positive Bewertungen, umso vertrauenswürdiger der Verkäufer. Oder bei Amazon: Je besser ein Produkt bewertet wird, desto höher Ihre Bereitschaft, ebenfalls zu kaufen.

In sozialen Medien geht es prominenten Persönlichkeiten darum, möglichst viele Fans und Follower zu haben, um zu zeigen, dass sie besonders beliebt und begehrenswert sind, was wiederum dazu führt, dass das nächste Konzert bzw. der nächste Film besucht oder das nächste Produkt von noch mehr Personen gekauft wird. Auch „das Auto des Jahres" bedeutet im Überzeugungskontext nur, dass es von vielen Menschen bereits gekauft wurde und somit gut sein muss.

Das Schafherden-Prinzip sorgt für soziale Zugehörigkeit

Das Gefühl der Zugehörigkeit finden wir ebenso in der Welt der Mode wieder: Egal wie lächerlich oder absurd ein Modetrend sein mag, wird er dennoch viele Menschen allein deshalb überzeugen, weil bereits viele andere solche Kleidungsstücke tragen. Vielleicht kennen Sie die Situation, wenn Ihre Kinder eines Tages nach Hause kommen und plötzlich wie aus heiterem Himmel eine bestimmte Kleidermarke haben müssen? Jetzt wissen Sie, dass Ihre Kinder mit dem einfachen sozialpsychologischen Prinzip der Zugehörigkeit überzeugt wurden, auch Schafherden-Prinzip genannt.

Wenn Sie mit dem Schafherden-Prinzip überzeugen möchten, dann achten Sie auf das Folgende:

- Sammeln Sie möglichst viele Referenzen von Menschen, die Sie bereits mit Ihrer Idee oder Ihrem Produkt überzeugt haben. Präsentieren Sie stolz diese Zahl oder noch besser: Stellen Sie einige Referenzen oder Meinungen Ihrem Gesprächspartner persönlich oder auf Ihrer Webseite vor. Das schönste Lob ist am überzeugendsten, wenn es von anderen Menschen und nicht von uns selbst kommt.
- Lassen Sie in einem Meeting Ihre Mitarbeiter über Ihre Idee abstimmen. Stimmen zwei Drittel Ihres Teams der Idee zu, wird sich möglicherweise noch manch anderer Mitarbeiter Ihrer Idee anschließen, nur weil es die Mehrheit tut.
- Unterstreichen Sie Ihre Zugehörigkeit zu sozialen Gruppen, die für Ihren Gesprächspartner relevant oder interessant sind. Das können Unternehmergruppen, Verbände, Clubs oder Institutionen sein. Hier geht es nicht darum, mit einer Autoritätsmacht zu überzeugen, sondern zu zeigen, dass Sie „sozial verträglich" und von der Gesellschaft akzeptiert sind.
- Präsentieren Sie Ihren Kunden zum Beispiel „das meistgekaufte Produkt des Monats", den „Bestseller" oder „die beliebteste Business-Strategie".
- Überzeugen Sie mit aussagekräftigen Zahlen bei der nächsten Kundenpräsentation und unterstreichen Sie das Wachstum des Unternehmens, indem Sie zeigen, wie viele neue Kunden Sie im letzten Jahr gewonnen haben oder um wie viel Prozent Sie Ihren Umsatz steigern konnten. Implizit sagen Sie damit aus, dass Ihr Unternehmen einen bestimmten sozialen Einfluss hat.

10.7 Versprochen ist versprochen und niemals gebrochen: das Konsistenz-Prinzip

Wer kennt das nicht? Sie haben versprochen, einen Kuchen zu backen oder eine leckere Speise zuzubereiten und somit jemandem Freude zu machen. Unglücklicherweise ist Ihr erster Versuch mächtig schiefgelaufen. Statt einer leckeren Mahlzeit haben Sie ein Häuflein Elend produziert. Vielleicht haben Ihre Freunde darüber ein paar Scherze gemacht, was Ihnen wiederum gar nicht passte: So können Sie das nicht stehen lassen!

Aus gekränktem Ehrgeiz und einem schlechten Gefühl heraus machen Sie sich still und heimlich an die Arbeit, und zwar so lange, bis es klappt. Und bei der nächsten Gelegenheit präsentieren Sie stolz Ihr kulinarisches Meisterwerk und sind glücklich, wenn Sie dafür Anerkennung bekommen. Etwas in Ihnen hat Sie die ganze Zeit angetrieben, Ihr Versprechen zu erfüllen und nicht als Verlierer dazustehen. Versprochen ist versprochen und wird nicht gebrochen!

Das Konsistenz-Prinzip bestätigt unseren Charakter

Das Gleiche passiert, wenn wir zum Beispiel eine Wette verlieren. Wir setzen uns für eine Sache ein und geben dafür unser Wort. Um dem Gegenüber zu vermitteln, wie sicher wir uns sind, setzen wir noch einen drauf, in dem wir uns bereiterklären, etwas Unangenehmes zu tun, sollten wir im Unrecht sein. Und wenn die Wette gelaufen ist und wir verloren haben, müssen wir die „Wettschulden" begleichen. Hier stehen unsere Aufrichtigkeit, unser Charakter und unsere Zuverlässigkeit auf dem Spiel: Auch wenn wir auf den unangenehmen Wetteinsatz gar keine Lust haben, werden wir in meisten Fällen unser Versprechen erfüllen, weil wir damit einem psychologischen Prinzip folgen – dem Konsistenz-Prinzip.

Diesem Prinzip zufolge streben wir als menschliche Wesen nach Widerspruchsfreiheit, Kongruenz und Harmonie. Wenn wir uns für etwas entscheiden, bleiben wir in aller Regel dabei. Wenn wir etwas versprechen, halten wir es ein. Tun wir es nicht, finden wir uns in einem unangenehmen inneren Spannungszustand wieder, und zusätzlich droht der Vertrauensverlust seitens des Gegenübers, weil er sich auf unser Wort nicht verlassen kann.

Das Konsistenz-Prinzip beweist unsere Zuverlässigkeit

Die Überzeugung, mit der wir eine Entscheidung getroffen haben, verpflichtet uns, auch danach zu handeln. Darin zeigen sich unsere Charakterstärke und unsere Zuverlässigkeit – zwei sehr wichtige Eigenschaften, wenn es darum geht, als zuverlässiger Ansprechpartner ernst genommen und respektiert zu werden. Ein konsequentes und konsistentes Verhalten ist für das Überleben in einer sozialen Gemeinschaft sehr wichtig, weil nur so Regeln und Verpflichtungen getroffen werden können, die den Zusammenhalt sichern. Sowohl privat als auch beruflich: Gleichwertige Partner müssen sich aufeinander verlassen können, wenn sie sich eine harmonische und gut funktionierende Beziehung wünschen.

Während wir im Privatleben selten Verträge für unser Versprechen abschließen, sieht das im Business anders aus: Um sicherzugehen, dass das Konsistenz-Prinzip befolgt wird, besiegeln beide Parteien ihre Vereinbarungen durch einen Vertrag und mit ihrer Unterschrift. Dies zeigt, welch hohen Stellenwert das Konsistenz-Prinzip in unserer Gesellschaft hat.

Wie können Sie das Konsistenz-Prinzip für Ihre Überzeugungskraft nutzen?

- Versuchen Sie in einem Überzeugungsgespräch möglichst schnell die Zustimmung Ihres Gesprächspartners zu bekommen. Verkäufer nennen diese Technik „Ja-Straße". Eine „Ja-Straße" bedeutet, solche Fragen zu stellen, die fast nur mit „Ja" beantwortet werden können. Je mehr „Ja"-Antworten Sie bekommen, desto mehr baut sich eine Pro-Haltung bei Ihrem Gegenüber auf. Die Wahrscheinlichkeit, dass Ihr endgültiges Angebot angenommen wird, steigt enorm. Achten Sie allerdings darauf, dass Ihre Fragen nicht wie in einem Interview hintereinander gestellt werden, sondern bauen Sie sie geschickt in Ihre Ausführungen ein. Versuchen Sie sich nicht nur auf die endgültige Zustimmung zu fokussieren, sondern auch die Zustimmung während des Prozesses. Arbeiten Sie mit Hypothesen und mit der Vorstellungskraft Ihres Gegenübers. Formulieren Sie in etwa so: „Mal angenommen, es gäbe eine Möglichkeit, an einem Gewinnspiel teilzunehmen, eine Weltreise zu gewinnen und gleichzeitig für krebskranke Kinder zu spenden und das Los würde nicht mehr als 50 Cent kosten, würden Sie daran teilnehmen?" Dann können Sie leicht eine erste Zustimmung für Ihr Vorhaben bekommen. Das funktioniert sehr gut, weil es zunächst nicht um den tatsächlichen, sondern erst um einen hypothetischen Fall geht. Wenn Sie dann hinterher die gefragte Person mit der echten Situation konfrontieren, wird sie mit hoher Wahrscheinlichkeit zustimmen. Warum? Über das Ja zum hypothetischen Fall hat sie ein mentales Versprechen gegeben, dem sie sich auch jetzt, im Ernstfall, verpflichtet fühlt.

- Wenn Sie Produkte verkaufen, dann führen Sie ein Treuepunkte-System ein. Damit fördern Sie ein konsequentes Verhalten bei Ihren Kunden, die sich verpflichtet fühlen, Ihre Treuepunkte nicht nur zu sammeln, sondern auch bei Ihnen einzulösen. Große Verkaufsketten setzen schon lange mit großem Erfolg auf solche Punktesysteme bei ihren Kunden. Vielleicht haben Sie auch selbst Kunden-Karten in Ihrem Portemonnaie und kaufen dadurch immer beim gleichen Anbieter ein?
- Lassen Sie Ihren Gesprächspartner selbst erzählen, was er sich von Ihnen wünscht. In einem Verhandlungsgespräch könnte das vielleicht ein Verhandlungsziel sein, in einem Verkaufsgespräch die Erwartungshaltung an das Produkt. In dem Moment, wo Sie das Angebot machen, erinnern Sie Ihren Gesprächspartner daran, was er sich vorher gewünscht hat. Benutzen Sie hierzu die Technik des Spiegelns (siehe Kapitel 11 zum Thema Rhetorik). Versuchen Sie Argumente zu finden, die genau das unterstreichen, was Ihrem Gesprächspartner wichtig ist. Einer Weisheit zufolge können sich Menschen leichter gegen das wehren, was andere gesagt haben. Allerdings haben sie keine Chance, ihren eigenen Aussagen zu widersprechen.

10.8 Soziale Überzeugungskraft oder asoziale Betrugsfalle?

In diesem Kapitel haben Sie erfahren, durch welche sozialen Trigger und Verhaltensmechanismen sich Menschen beeinflussen, überzeugen, aber auch manipulieren lassen. Das ist sehr faszinierend, aber auch teilweise erschreckend, weil uns dadurch bewusst wird, wie sehr wir unserem sozialen Verhalten ausgeliefert sind.

Bestimmt können Sie sich vorstellen, dass diese leicht verständlichen Prinzipien nicht nur von Menschen mit einem sauberen moralisch-ethischen Hintergrund angewandt werden.

Diese Prinzipien wurden und werden tagtäglich missbraucht. Sozialpsychologische Überzeugungsmechanismen mutieren durch fragwürdige Anwender zu asozialen Betrugsmaschen.

Vielleicht haben Sie sich auch während des Lesens an die eine oder andere Situation erinnert, die Ihnen nicht unbedingt positiv in Erinnerung geblieben ist? Möglicherweise sind Sie auf erfundene Referenzen eines Hotelanbieters reingefallen (Missbrauch des Schafherden-Prinzips) und haben vor Ort feststellen müssen, dass Sie in einem Horror-Objekt gelandet sind, das nicht annähernd das bieten kann, was versprochen wurde. Oder Sie haben sich von einer hoch polierten und glänzenden Homepage eines „Experten“ blenden lassen, der Ihnen viel zu viel Geld für viel zu wenig Leistung abgeluchst hat, nur weil auf seiner Webseite stand, dass er fünfzehn Zertifikate erworben hat? Hinterher haben Sie sich vermutlich gewünscht, Sie hätten vorher mit nur einem einzigen Menschen gesprochen, der Erfahrungen mit diesem „Experten-Gott“ hat und etwas zur Berechtigung dieser Zertifikate sagen könnte. Ja, Sie haben sich in diesem Fall vom „Silberrücken-“ bzw. „Autoritäts-Prinzip“ blenden lassen.

Diese Erfahrungen zeigen Ihnen, dass eine Überzeugungstechnik – egal wie gut sie ist – nur so lange funktioniert, wie sie korrekt angewendet wird. Aus einer negativen Erfahrung heraus entsteht Misstrauen und es bildet sich eine negative Konditionierung, die dafür sorgt, dass Sie beim nächsten Mal extrem vorsichtig sind und sich auch dann nicht mehr überzeugen lassen, wenn das Angebot echt und für Sie vorteilhaft ist.

Wenn Sie getäuscht oder betrogen wurden, kreieren Sie eine innere „Blacklist" und erzählen auch anderen davon. Somit haben Betrüger nur eins erreicht: Sie haben loyale und ehrliche Anhänger für immer verloren und dürfen zusätzlich mit einem schlechten Ruf rechnen, der sich über das Internet sehr leicht und schnell verbreitet.

Daher hier noch der letzte Tipp, um mit sozialpsychologischen Überzeugungsprinzipien wirklich erfolgreich zu sein:

Nutzen Sie diese Methoden nur, um die Entscheidungen Ihres Gegenübers zu befördern, und niemals, um andere Menschen hinters Licht zu führen. Ihr positives Image, Ihre ehrliche Leistung und Ihre Wertschätzung gegenüber Ihren Kunden oder Gesprächspartnern sind nach wie vor die nachhaltigsten und überzeugendsten Methoden, durch die Sie langfristig Ihre Mitmenschen überzeugen können.

11. Rhetorische Überzeugungskunst

Viele Menschen verstehen unter Überzeugung vor allem die Fähigkeit, ihre rhetorische und kommunikative Kompetenz geschickt einzusetzen, um Menschen zu beeinflussen. Teilweise haben sie damit recht, denn die rhetorischen Stilmittel spielen bei der überzeugenden Kommunikation eine wichtige Rolle.

Eine präzise Sprache dient einem besseren zwischenmenschlichen Verständnis, und durch genau formulierte Aussagen kann man Menschen sehr schnell verbinden oder in eine bestimmte Richtung lenken. Durch unpräzise oder gar doppeldeutige Aussagen können auf der anderen Seite sehr schnell Missverständnisse entstehen, mit Meinungsverschiedenheiten und zwischenmenschlichen Konflikten als mögliche Folgen.

In Rhetorik geschulte Menschen – das können z.B. Anwälte, Politiker oder professionelle Redner sein – verfügen über ein großes Repertoire an Techniken und Stilmitteln, um Gesprächspartner oder Zuhörer in ihren Bann zu ziehen. Im „normalen" beruflichen Alltag oder gar im Privaten ist es gar nicht nötig, mit der ganzen Bandbreite an Techniken aufzuwarten und durch rhetorische Brillanz zu glänzen. In erster Linie geht es darum, durch unsere Persönlichkeit, Authentizität und kommunikative Klarheit zu überzeugen. Auf den nun folgenden Seiten finden Sie deshalb nur ausgewählte Rhetoriktechniken, die Sie im täglichen Gebrauch leicht anwenden können, ohne dabei abgehoben oder künstlich zu wirken. Ihr Ziel sollte es sein, Ihre Ideen klar und transparent Ihrem Gesprächspartner zu präsentieren und gleichzeitig logisch und nachvollziehbar zu begründen. Sie werden erkennen, dass diese Techniken aufeinander aufbauen und nur in der kombinierten Anwendung zum Erfolg führen.

11.1 Aufmerksam zuhören: Reden ist Silber, Schweigen ist Gold

Nein, die erste überzeugende Rhetoriktechnik ist nicht die geschickte Anwendung von Metaphern, sondern tatsächlich das Schweigen, oder noch präziser ausgedruckt: das **aufmerksame Zuhören.**

Die überzeugendsten Rhetoriker sind dafür bekannt, dass sie niemals als Erste reden, sondern zuerst ihrem Gesprächspartner aufmerksam zuhören. Das machen sie aus mehreren Gründen: In erster Linie deshalb, weil sie ein echtes Interesse haben, ihren Gesprächspartner kennenzulernen, um zu erfahren, wie er denkt und fühlt, welche Bedürfnisse er hat und was ihn zum Handeln motiviert. Des Weiteren versuchen sie herauszufinden, welche Gemeinsamkeiten sie mit dem Gesprächspartner haben und welche Vorstellungen sie voneinander trennen. Diese Informationen sind sehr wertvoll, denn gute Rhetoriker wissen, dass Menschen leichter zu gewinnen sind, wenn es um gemeinsame Ziele geht.

Weitere wichtige Aspekte des Zuhörens sind der Respekt und die Wertschätzung, die dem Gesprächspartner entgegengebracht werden. In unserer hektischen und aus Zeitmangel oft so oberflächlichen Welt fühlen wir uns häufig nicht wahrgenommen und nicht richtig verstanden. Deshalb schätzen wir es sehr, wenn sich jemand Zeit für uns nimmt. Menschen, die es schaffen, sich auf uns zu fokussieren, werden automatisch mehr Respekt von uns bekommen, weil sie uns das Wertvollste geben, was sie haben – ihre kostbare Zeit. Als Gegenleistung sind wir hinterher bereit, uns ebenso die Zeit zu nehmen und zu lauschen, was uns unser aufmerksamer Zuhörer anschließend zu sagen hat. Es gibt einen sehr schönen weisen Spruch, der dem Dalai-Lama zugeschrieben wird: „Wenn du sprichst, wiederholst du nur, was du schon weißt. Wenn du aber zuhörst, kannst du unter Umständen etwas Neues lernen."

Machen Sie es den besten Überzeugungskünstlern nach und üben Sie sich im aufmerksamen Zuhören. Kontrollieren Sie Ihren Impuls, einen Gesprächspartner bei jeder Gelegenheit unterbrechen zu wollen, und staunen Sie, wie schnell Sie das Vertrauen Ihrer Mitmenschen gewinnen werden. Speichern Sie die gewonnenen Informationen ab und benutzen

Sie sie zum späteren Aufbau Ihrer Argumentation. Menschen stimmen am liebsten sich selbst zu, daher ist es ratsam, sie mit ihren eigenen Argumenten zu überzeugen.

11.2 Paraphrasieren: Spieglein, Spieglein an der Wand

Wie oft am Tag betrachten Sie sich im Spiegel? Ein- bis fünfmal oder häufiger? Warum machen Sie das? Weil Sie sich an sich selbst nicht sattsehen können, weil Sie so eitel sind oder weil Sie eine Gewissheit brauchen, ob alles in Ordnung ist, z.B. ob Haare, Krawatte oder Make-up richtig sitzen? Ich glaube, die meisten Menschen überprüfen ihr Äußeres, weil sie sicher sein wollen, welches Bild sie nach außen von sich abgeben.

Genauso wie wir eine Rückversicherung über unser Äußeres brauchen, so brauchen wir auch während eines Gesprächs eine regelmäßige Spiegelung unserer Gedanken und verbalen Äußerungen. In einem Gespräch geht es nicht nur um Informationsaustausch, sondern auch darum, ein gegenseitiges, tiefes Verständnis zu erlangen.

Die hierfür verwendete rhetorische Überzeugungstechnik, die bereits seit der Antike bekannt ist, nennt sich „**Technik des Paraphrasierens**“ (von altgriechisch *pará* „daneben, dabei“ und *phrázein* „reden, sagen“) oder „Technik des Spiegelns“. Es geht darum, die wichtigsten Inhalte oder die vom Gesprächspartner übermittelten Kernaussagen in eigenen Worten zu wiederholen. Manchmal sind das bestimmte Zahlen, Daten oder Fakten, manchmal sind das Zusammenfassungen von komplexen Inhalten und manchmal sind das die Spiegelungen von Emotionen, die neben dem sachlichen Inhalt deutlich zum Ausdruck kommen.

Es folgt nun ein Beispiel aus der Praxis. In einem Verkaufsgespräch spiegelt der Verkäufer mit wenigen Worten das, was der Kundin wichtig ist.

Beispiel: Paraphrasieren

Kundin X: „Ich habe vor, meinen Garten neu zu bepflanzen. Der Garten ist nicht groß, ca. 350 qm. Ich stelle mir vor, einen schönen Rasen in der Mitte zu haben und seitlich einige unempfindliche Grünpflanzen, die auch im Winter ein schönes Gartenbild abgeben. Ich bin ein großer Fan von Rosen, obwohl ich keine Ahnung habe, wie ich sie behandeln muss. Am besten wäre es, wenn der Garten immer schön aussieht und ich mich nur einmal in der Woche darum kümmern müsste. Meinen Sie, das geht?"

Verkäufer Y: „Frau X, wenn ich Sie richtig verstanden habe, geht es Ihnen darum, einen pflegeleichten Garten zu haben, der Ihnen maximale Schönheit beim minimalen Aufwand bietet. Ist das richtig?"

Kundin X: „Genauso ist es! Welche Pflanzen würden Sie mir hierfür empfehlen? Kann ich sie mir gleich ansehen?"

Im Beispiel können Sie erkennen, dass der Verkäufer die Technik des Spiegelns optimal einsetzt: Er bestätigt seine Kundin in ihren Wünschen und versichert ihr, dass er sie verstanden hat. Genauso wie uns der physische Spiegel zusichert, dass der Pullover richtig sitzt, hat der Verkäufer der Kundin signalisiert, dass sie mit ihrem Anliegen bei ihm gut aufgehoben ist, weil er ihre Wünsche erkennt. Durch Wiederholung der wichtigen Fakten weiß er außerdem genau, worauf sein Angebot abzielen soll. Im weiteren Verlauf des Gesprächs kann er diese Fakten nochmals effizient einsetzen. Er kann der Kundin gegenüber damit argumentieren, dass er ausschließlich ihre ursprünglichen Wünsche bedient.

Wenn es darum geht, ein Gespräch auf das Wichtigste zu reduzieren und in eine bestimmte Richtung zu steuern, ist die Technik des Spiegelns die kürzeste Verbindung zwischen zwei Menschen. Sie ist eine sehr unauffällige Überzeugungstechnik, die viele Vorteile hat:

- Vertrauensaufbau, weil sich der Gesprächspartner ernst genommen und verstanden fühlt.

- Verlangsamung des Gesprächs, indem die Informationen im Gedächtnis verankert und nicht nur oberflächlich wahrgenommen werden.
- Konzentration auf das Wesentliche, weil die Eckdaten durch die verbale Spiegelung hervorgehoben werden.
- Ansammlung von wichtigen Informationen für die spätere Überzeugungsstrategie und den Argumentationsaufbau.

Die rhetorische Technik des Spiegelns setzt voraus, dass Sie die Technik des aufmerksamen Zuhörens perfekt beherrschen und zusätzlich über ein gutes Einfühlungsvermögen oder Empathie verfügen. Ohne die ausgeprägte Fähigkeit, sich in die Lage anderer Menschen hineinzuversetzen, werden Sie sich schwertun, deren Wünsche und Forderungen zu verstehen.

Ein noch ungeübter oder ungeschickter Verkäufer hätte in unserem Beispiel womöglich die nebensächlichen Inhalte gespiegelt, die für seine Verkaufsargumentation später nichts bringen würden, z.B. die Information, dass der Garten neu bepflanzt werden soll. Bei der Spiegelung der nebensächlichen oder selbsterklärenden Inhalte kommt es zu einem negativen Überzeugungseffekt, weil sich der Gesprächspartner schnell verunsichert, veräppelt oder missverstanden fühlt.

Diese Technik können Sie täglich üben. Dafür eignet sich jedes Gespräch, in dem ein besseres Verständnis der Wünsche und Anliegen Ihres Gesprächspartners wichtig ist.

11.3 Informationen einholen: Wer, wie, was?

Wissen Sie, woran Sie einen guten Verkäufer erkennen? Daran, dass er viel fragt und vergleichsweise wenig redet. Gute Verkäufer beherrschen ausgesprochen gut die Technik der **Informationsfrage**. Sie wissen, dass es im Verkauf vor allem auf die richtige Fragestellung und auf das aufmerksame Zuhören ankommt, sodass sie dem Kunden ein individuell zugeschnittenes Angebot unterbreiten können. Bei einem guten Verkäufer beläuft sich das Verhältnis zwischen Zuhören und Reden auf 70 % : 30 % – nicht umgekehrt.

Die Informationsfrage ist in einem Überzeugungsgespräch die wichtigste Frage. Sie ermöglicht Ihnen, möglichst viele Informationen über Ihren Gesprächspartner im Vorfeld zu sammeln. Diese Informationen helfen Ihnen beim psychologischen Profiling (siehe auch Kapitel 8), um herauszufinden, mit wem Sie es zu tun haben. Stellen Sie daher offene Fragen, die von Ihrem Gesprächspartner umfangreich beantwortet werden können.

Die wichtigsten Informationen, die Sie von Ihrem Gesprächspartner in einem Überzeugungsgespräch brauchen, sind die folgenden:

- Welche Interessen verfolgt diese Person?
- Welche Bedürfnisse, Bedenken und Ängste hat sie?
- Durch welche Motive kann die Person zum Handeln aktiviert werden?
- Mit welchen Vorteilen / welchem Nutzen rechnet sie?
- Was erwartet sie von Ihrem Angebot?
- Was muss als Ergebnis gewährleistet sein, sodass diese Person von Ihrem Angebot überzeugt oder noch besser begeistert ist?
- Was ist sie bereit zu investieren, um von Ihren Vorteilen zu profitieren?

Die Technik der Informationsfrage sollten Sie unbedingt mit der Technik des aktiven Zuhörens und des Spiegelns kombinieren. Das sind Ihre Basiswerkzeuge, die Sie befähigen werden, Ihr Angebot zu individualisieren und glaubwürdig zu präsentieren.

Die Beherrschung dieser Werkzeuge unterscheidet einen Amateur von einem Profi.

11.4 Überzeugend argumentieren

Nachdem Sie sich umfangreiche Informationen über Ihren Gesprächspartner verschafft haben, geht es darum, Ihr Angebot zu präsentieren. Bei der **argumentativen Überzeugung** ist es wichtig, dass Sie die zuvor gewonnenen Informationen geschickt einsetzen und darauf Ihre Behauptungen begründen. Ihre argumentative Äußerung wird so rund, nachhaltig und bekommt eine individuelle Note.

Wenn Sie Menschen überzeugen möchten, machen Sie keine Aussage, ohne diese zu begründen! Unter diesem Motto steht die rhetorische **Technik des Argumentierens**. Ein Argument (von lateinisch *argumentum*, „Veranschaulichung", „Beweisgrund") ist eine Aussage, die als Beweismittel einer Behauptung gebraucht wird. Eine Aneinanderreihung von mehreren Argumenten bildet eine fundierte Argumentation. Eine Begründung muss auf stabilen Füßen stehen und gut abgeleitet sein, sodass sie Ihre Behauptungen stützt. Aber vor allem für Ihren Gesprächspartner muss sie logisch, nachvollziehbar und überzeugend sein.

Beispiel: Argumentative Überzeugung

Bleiben wir beim vorherigen Beispiel des Pflanzenverkäufers. Er hat im Verkaufsgespräch seiner Kundin einige Pflanzen vorgestellt, und jetzt geht es darum, ein Angebot zu erstellen. Die Kundin wünscht sich von ihm eine Empfehlung.

Verkäufer Y: „Frau X, Sie haben sich für Ihren Garten immergrüne unempfindliche Pflanzen gewünscht, die auch im Winter ein schönes Bild abgeben. Ich empfehle Ihnen diese Lorbeerkirsche. Dafür sprechen mehrere Gründe: Es handelt sich um eine immergrüne frostharte und darüber hinaus äußerst schöne Zierpflanze. Zusätzlich bietet sie Ihnen nicht nur einen dekorativen Hintergrund für Ihren Rosengarten, sondern spendet im Sommer auch Schatten und dient als Sichtschutz vor ungewollten Nachbarblicken. Ich bin mir sicher, dass sie Ihren Ansprüchen mehr als gerecht wird."

An dieser Ausführung des Verkäufers können wir erkennen, dass er sein Handwerk sehr gut versteht und die Argumentation auf die Wünsche der Kundin individuell abgestimmt hat. Seine Kundin wird wahrscheinlich keine weiteren Fragen haben und sich für die empfohlene Lorbeerkirsche entscheiden, da sie die Argumente für diese Ausführung bereits selbst geliefert hat.

Die Technik des Argumentierens und Begründens findet überall ihre Anwendung, nicht nur in Verkaufsgesprächen. Es gibt sogar eine interessante Studie der Verhaltensforscherin Ellen Langer, die in einem Experiment bewies, dass alleine das kleine Wörtchen „weil" ausreicht, um Menschen zu überzeugen. Die Argumente, die als Begründung angeführt werden, spielen dabei eine Nebenrolle. In Ellen Langers Experiment sollten Probanden versuchen, sich in einer langen, geduldig vor einem Kopierer wartenden Menschenschlange vorzudrängeln. Das Ergebnis war erstaunlich: Egal ob eine sinnvolle oder sinnlose Begründung für das Vordrängeln vorgebracht wurde, zeigten sich die wartenden Menschen in gleichem Ausmaß bereit, die drängende Versuchsperson vorzulassen. So zählten die Argumente „Darf ich bitte zuerst an den Kopierer, weil ich es sehr eilig habe" genauso viel wie „Darf ich bitte zuerst an den Kopierer, weil ich die Kopien machen muss". Obwohl die zweite Begründung für das Vordrängen an sich gar keine ist, ließen sich die Wartenden von dem Wort „weil" fast widerstandslos beeinflussen.

In wichtigen Verhandlungen und Überzeugungssituationen brauchen Sie allerdings etwas mehr als das kleine Wörtchen „weil". Um Ihre argumentative Überzeugungskraft zu steigern, sollten Sie Ihre Argumentation zusätzlich mit Vorteilen und Nutzen für Ihr Gegenüber ergänzen, weil kein Mensch freiwillig bereit ist, etwas zu tun, wenn er nicht selbst etwas davon hat (das haben Sie ja bereits in Kapitel 8 „Überzeugung und Motivationspsychologie" erfahren). Versetzen Sie sich dabei empathisch in die Lage Ihres Gegenübers und überlegen Sie, welchen echten Mehrwert Sie mit Ihrer Idee wirklich liefern können. Auch hierfür gibt es ein Beispiel.

Beispiel: Argumentative Überzeugung einer Führungskraft

Mal angenommen, Sie möchten als neuer Teamleiter in Ihrem Team die Kommunikation verbessern und aus diesem Grund einmal pro Woche eine neue Form der Teambesprechung einführen. Sie müssen Ihre Teamkollegen mit guten Argumenten überzeugen, Ihrer Idee zuzustimmen. Ihre Argumentation dazu könnte in etwa folgendermaßen aufgebaut sein:

„Liebe Teamkollegen, ich bin der Meinung, dass unsere Teamkommunikation bisher zu wenig beachtet wurde. Im stressigen Büroalltag haben wir kaum Zeit, uns alle gemeinsam an einen Tisch zu setzen, um unsere gemeinsamen Angelegenheiten zu besprechen. Wichtige Informationen werden nur unter einzelnen Mitarbeitern ausgetauscht, und immer wieder muss ich feststellen, dass manche Teammitglieder zu spät oder gar nicht informiert werden. Das führt zu vielen Missverständnissen, worunter das gesamte Team leidet. Das möchte ich ändern und schlage deshalb vor, dass wir jeden Freitag um 9 Uhr zu einem Teammeeting zusammenkommen. Weil wir uns so über wichtige Angelegenheiten austauschen können, erreichen wir mit Sicherheit eine deutlich bessere Kommunikation und vermeiden in Zukunft unnötige Fehler, die uns bisher viel Stress beschert und Zeit gekostet haben. Ich erwarte mir durch dieses Meeting mehr Gelassenheit und Effizienz für das gesamte Team.“

Mit so einer gut überlegten Argumentation können Sie mit hoher Wahrscheinlichkeit mit der Zustimmung des gesamten Teams rechnen, denn es geht nicht nur darum, dass Sie als Teamleiter eine neue Regel einführen wollen, sondern vielmehr darum, dass Sie Ihrem gesamten Team Vorteile verschaffen. Wenn die Teamkollegen Ihre partnerschaftliche und für alle gewinnbringende Absicht erkennen, lassen sie sich gerne von Ihrer Idee überzeugen.

Die oben angeführte Argumentation wurde nach der folgenden Struktur aufgebaut:

- die Beschreibung der Ausgangssituation, die Sie ändern möchten (der Kontext-Rahmen)
- die Vorstellung Ihrer neuen Idee (Ihre Behauptung)
- die Begründung für Ihre Idee (Warum ist das wichtig?)
- die Beschreibung der Vorteile für die Teammitglieder

Diese rhetorische Technik können Sie nahezu immer dann anwenden, wenn es darum geht, Menschen für neue Ideen zu gewinnen und sie sich Ihrer Absicht aktiv anschließen sollen. Ihre Aussage sollte klar strukturiert und transparent sein und die gemeinsamen Vorteile müssen einen echten Mehrwert bringen.

Auch wenn Ihr Gesprächspartner Einwände hat, sollten Sie auf Ihre argumentative Überzeugungskraft setzen. Einwände sind oft ein Zeichen, dass Ihr Gesprächspartner von Ihrer Idee noch nicht genügend überzeugt ist bzw. dass die richtigen Argumente noch fehlen. Versuchen Sie herauszufinden, welche Ängste und Unsicherheiten sich dahinter verbergen. Sie sollten in diesem Fall nicht die Argumente wiederholen, die Sie bereits erwähnt haben, denn diese haben offensichtlich nicht ausgereicht. Fragen Sie lieber nach, welche Punkte noch nicht besprochen wurden, und kehren Sie zu Ihrer Basis zurück. Hier sind nämlich wieder die Techniken des Fragens, des Zuhörens und des Spiegelns angebracht, um die nächste Argumentation vorzubereiten.

11.5 Emotionale Überzeugungskraft: Bilder im Kopf wecken

Rhetorisch zu überzeugen ist wie Kochen – es kommt nicht nur auf die Menge und den Inhalt der Zutaten, sondern auch auf die Gewürze an. Eine gut zubereitete Speise sollte ein emotionales Erlebnis sein und unsere Sinne ansprechen und nicht nur den Magen füllen.

So ist es auch mit unserer rhetorischen Überzeugungskraft: Neben argumentativer Überzeugung sollten auch die Sinne des Gesprächspartners angesprochen werden, sodass er sich mit unserem Angebot emotional identifizieren kann. Genauso wie ein guter Koch im Laufe der Zeit ein Fingerspitzengefühl entwickelt, welche Gewürze in welcher Menge einer Speise beigemengt werden müssen, um vorzüglich zu schmecken, so entwickeln Sie in Überzeugungsgesprächen ein Gefühl für Ihre Zuhörer und Ihre Gesprächspartner.

Die Gewürze, die Sie als überzeugende Rhetoriker verwenden, sind **rhetorische Stilmittel der emotionalen Überzeugung** wie Metaphern, Vergleiche, Geschichten und Beispiele. Sie erzeugen Bilder im Kopf und verankern sachliche Inhalte auf eine emotionale Art, die stärker im Gedächtnis bleiben und somit für nachhaltige Überzeugung sorgen. Dabei müssen diese Stilmittel einerseits zu Ihrem Thema passen und andererseits, was noch viel wichtiger ist, Ihren Gesprächspartnern „schmecken". Nicht alle Menschen haben die gleichen Vorlieben oder den gleichen Humor. Daher wählen Sie bewusst nur die Bilder, die positive Gefühle bei Ihrem Gesprächspartner wecken. Das erreichen Sie am besten, indem Sie sich feinfühlig in die Lage Ihres Gegenübers hineinversetzen und versuchen, seine Welt zu verstehen.

Metaphern und Vergleiche

Metaphern und Vergleiche sind rhetorische Stilmittel, die Sie anwenden können, um sachliche Inhalte zu verdeutlichen. Dabei unterscheidet sich eine Metapher von einem Vergleich nur in einem kleinen Detail: Während Sie eine Metapher stellvertretend für etwas benutzen, z.B. „Diese Küche ist der Ferrari in unserem gesamten Angebot", stellen Sie in einem Vergleich zwei Gegenstände oder Ereignisse nebeneinander, z.B. „Unser Logistiksystem funktioniert wie ein Schweizer Uhrwerk". Vereinfacht ausgedrückt ist die Formel für eine Metapher „A ist B" und die Formel für einen Vergleich ist „A ist wie B".

Wie bereits erwähnt, ist es wichtig, dass sowohl die verwendeten Metaphern als auch die Vergleiche Ihrem Gesprächspartner bekannt sind und positive Gefühle wecken. Mit Ihren Gesprächspartnern unbekannten oder gar unangenehmen Vergleichen oder Metaphern werden Sie hingegen kaum Ihre Überzeugungskraft stärken können.

Ein Paradebeispiel für rhetorische Ausrutscher ist die Kunstfigur Bernd Stromberg, gespielt von dem großartigen Schauspieler Christoph Maria Herbst, der sich mit dieser Rolle jetzt schon einen exponierten Platz in der deutschen Filmgeschichte erarbeitet hat. Zu seinen legendären Vergleichen bzw. Metaphern gehören: „Probleme sind wie Brüste. Wenn du sie anfasst, machen sie am meisten Spaß!" Oder: „Ich bin ja quasi die perfekte Mischung aus jung und sehr erfahren. Gibt's in der Form ja sonst nur auf dem Straßenstrich." In einer Comedy-Serie dürfen und sollen wir darüber lachen, als souveräne und überzeugende Persönlichkeiten sollten wir allerdings in Überzeugungsgesprächen auf solche Ausrutscher lieber verzichten.

Geschichten-Erzählen oder Storytelling

Diese Technik ist eine beliebte Form der rhetorischen Überzeugung, die insbesondere von professionellen Vortragsrednern, aber auch von Pädagogen oder Hypnose- und Psychotherapeuten angewandt wird. Um ein Thema überzeugender zu präsentieren, wird statt einer einzelnen Metapher oder eines Vergleichs eine ganze Geschichte erzählt, um so das Wissen oder komplexe Inhalte zu verdeutlichen oder im übertragenen Sinne zu vermitteln. Die Erzählung von Geschichten versetzt die Zuhörer in einen leichten Trance-Zustand. Es entsteht das sogenannte „Kopfkino", die emotionalen Bilder werden lebendig und die Kernaussage erreicht mühelos ihr Ziel.

Beispiel: Storytelling

In meinen Rhetorik-Trainings erzähle ich oft eine Geschichte, die ich bereits aus Zeiten meines Musikstudiums kenne. Durch diese Geschichte kann ich meinen Teilnehmern sehr schnell verdeutlichen, wie sie stilvoll und schlagfertig den eigenen Standpunkt vertreten können, ohne dabei die Würde des Gegenübers zu verletzen:

„Der berühmte Komponist und Pianist Franz Liszt spielte in einem Privatkonzert vor dem russischen Zaren. Das war damals die höchste Anerkennung, auf die ein Musiker hoffen konnte. Doch während Liszt spielte, wandte sich der Zar seinem Offizier zu und fing an, halblaut mit ihm zu diskutieren. Franz Liszt hörte plötzlich zu spielen auf und ließ kommentarlos seine Hände in den Schoß sinken. Als der Zar ihn etwas genervt nach dem Grund für die Unterbrechung fragte, antwortete Liszt souverän und mit höflicher Verbeugung: „Wenn Fürsten sprechen, haben die Diener zu schweigen."

Beispiele

Die Anwendung von Beispielen in einem Überzeugungsgespräch dient ebenso wie das Storytelling als Beweismittel für unsere Behauptungen. Meistens verwenden wir Beispiele aus unserer eigenen Erfahrung, die wir zu einem bestimmten Thema gesammelt haben. Sie sollten auf den Gesprächspartner abgestimmt sein, sodass sie für ihn erleuchtend und überzeugend sind. Genau aus diesem Grund finden Sie in meinem Buch an vielen Stellen Beispiele. Angenommen, Sie wollen jemanden davon überzeugen, Sie in Ihrem Projekt zu unterstützen, dann suchen Sie nach Erfolgsbeispielen aus der Vergangenheit, die aufzeigen, welche Vorteile aus dieser Zusammenarbeit für Ihren Gesprächspartner herausspringen können. Hierzu einige Formulierungsbeispiele.

Beispiel: Rhetorisch überzeugen durch die Anwendung von Beispielen

„Herr Mayer hat vor drei Jahren beim Projekt xy mitgewirkt. Obwohl er am Anfang sehr skeptisch war, ob ihm seine Mitwirkung tatsächlich Vorteile bringt, war er zum Schluss sehr glücklich darüber, da er sich in einem Teilprojekt mit seiner ersten Führungsaufgabe vertraut machen konnte. Heute, drei Jahre später, ist er bereits ein erfahrener Projektleiter, der für unseren wichtigsten Kunden ein Projekt abwickelt, und das mit großem Erfolg."

Oder: Ein potenzieller Kunde, Familienvater von drei Kindern, ruft in Ihrer Immobilienfirma an und möchte ein Haus kaufen. Er sucht nach einem passenden Ansprechpartner, der ihn hierzu beraten kann. Als Geschäftsführer könnten Sie folgendermaßen antworten: „Lieber Kunde, ich verbinde Sie mit Frau Mayer, sie hat sich im Immobilienbereich ausschließlich auf Häuser für Familien spezialisiert und kann Sie zu diesem Thema am besten beraten. Sie hat alleine im letzten Jahr insgesamt 13 Familienhäuser verkauft und dafür von ihren Kunden eine Gesamtbewertung von 1,3 erhalten. Ich verbinde Sie gleich mit Frau Mayer."

Ein etwas anderes Beispiel kann ich Ihnen aus meiner persönlichen Erfahrung verraten: Ich musste einen Psychologen in einem Bewerbungsgespräch überzeugen. Vor einigen Jahren habe ich mich auf die heilpraktische Prüfung für Psychotherapie vorbereitet und im Rahmen der Prüfungsvorbereitung nach einem passenden Praktikumsplatz gesucht, um neben der Theorie auch praktische Erfahrungen zu sammeln. So bewarb ich mich in einer Suchtambulanz, die Gruppenpsychotherapie in ihrem Programm hatte. Im Bewerbungsgespräch stellte mir der Ambulanzleiter, ein erfahrener Diplompsychologe und Psychotherapeut, die Frage, wie ich mich selbst im Hinblick auf meine Geduld einschätze, weil Geduld bei der Arbeit mit den Suchtpatienten eine wichtige Rolle spielt. Ich überlegte sehr schnell, mit welchen Beispielen aus meiner Vergangenheit ich meine Geduld nachweisen könnte, denn ich verfügte ja noch nicht über psychotherapeutische Erfahrung. Folgendes fiel mir ein: „Ich schätze mich selbst als eine sehr geduldige Person ein. Als Diplom-Klavierpädagogin und Konzertpianistin habe ich die Geduld bis zu meinem 28. Lebensjahr lange genug unter Beweis stellen dürfen. Stellen Sie sich vor, wie viel Geduld Sie aufbringen müssen, bis Sie einem Kind beibringen, eine Mozart-Sonate oder sogar ein Klavierkonzert zu spielen!" Der Ambulanzleiter war mit dieser Antwort zufrieden und ich bekam anschließend die gewünschte Praktikumsstelle. Ich glaube, dieses Beispiel hat ihn überzeugt, auch wenn er anfänglich noch Bedenken hatte, ob er mir mit meiner fehlenden psychotherapeutischen Erfahrung seine Patienten anvertrauen durfte.

11.6 Überzeugend strukturieren: Dem roten Faden folgen

Alle Inhalte, die Sie präsentieren, sollten gut strukturiert und nachvollziehbar sein, wenn Sie damit Ihre Gesprächspartner überzeugen möchten. Eine gute Vorbereitung ist unvermeidlich, denn sie bringt zuerst Ihnen und dann auch Ihren Gesprächspartnern die Klarheit, die Sie in einem Überzeugungsgespräch brauchen, um sich nicht zu verzetteln.

Was immer Sie präsentieren:
- Stecken Sie zuerst den groben Rahmen ab, um Ihren Gesprächspartnern Orientierung zu geben.
- Benennen Sie danach die wichtigsten Themen, die Sie besprechen möchten, und
- vertiefen Sie diese Themen der Reihe nach mit Details und Einzelheiten, die wichtig sind.

Ihre Struktur verrät über Sie, dass Sie gut vorbereitet sind und dass Sie wissen, wovon Sie reden, sprich, dass Sie von Ihrer Sache überzeugt sind. Es gibt nichts Schlimmeres, als von einem zum anderen Thema zu springen und den Gesprächspartner mit unnötigen Details zu verwirren!

Wenn Sie sich nicht sicher sind, ob Ihre Inhalte klar und transparent sind, dann stellen Sie sich vor, Sie müssten Ihr Thema einem achtjährigen

Kind verständlich erklären. Fassen Sie Ihr Anliegen in einfachen Worten zusammen, sodass es auch für ein Kind nachvollziehbar ist. Eine auf diese Art vorbereitete Zusammenfassung sollte die Basis Ihrer Ausführung sein, die Sie dann vertiefen können. Beachten Sie dabei immer den Informationsstand Ihres Gegenübers und fangen Sie auf der Stufe an, auf der sich Ihr Gesprächspartner aktuell befindet.

Zum Abschluss

Sie haben in diesem Kapitel erfahren, welch große Rolle die rhetorischen Überzeugungstechniken in unserer Kommunikation spielen. Natürlich gibt es zu diesem Thema noch viel, viel mehr zu sagen und das rhetorische Repertoire kann lebenslang erweitert und verfeinert werden. Die Inhalte, die ich Ihnen hier präsentiert habe, sind eine konzentrierte Zusammenfassung dessen, was Sie in Überzeugungsgesprächen unbedingt beherrschen müssen, wenn Sie eine nachhaltige Wirkung bei Ihren Gesprächspartnern hinterlassen wollen.

Überzeugungsarbeit ist ein lebendiger Prozess, der von Ihnen ein waches Bewusstsein, Flexibilität und Freude an ständiger Verbesserung verlangt. Ein guter Rhetoriker ist vor allem ein feinfühliger Zuhörer und ein Menschenkenner. Alle Techniken nützen Ihnen nichts, wenn Sie Menschen und ihre Bedürfnisse nicht erkennen und somit an ihnen vorbeireden.

Aristoteles fasste bereits vor mehr als 2300 Jahren die rhetorische Überzeugungskunst in wenigen Worten zusammen: „Die Rede ist die Kunst, Glauben zu erwecken." Und an dieser Stelle sollten Sie sich nochmals in Erinnerung rufen, was „Überzeugung" überhaupt bedeutet: **Überzeugungen sind all das, was wir uns erlauben zu glauben.**

12. Auf den Punkt gebracht: Die Schrittfolge für einen gelungenen Überzeugungsprozess

Wir nähern uns dem Ende dieses Buches. In jedem Kapitel haben Sie ein Puzzleteilchen mehr gefunden, das Sie nun zu einem großen Ganzen zusammenlegen können. Oder, anders ausgedrückt: Sie haben in jedem Kapitel einen wichtigen Schritt gelernt, sodass Sie nun eine überzeugende Performance darbieten können.

Würden wir diese Schritte als Tanzschritte betrachten, wären Sie jetzt bereit, über das Überzeugungsparkett nicht nur zu gleiten, sondern Ihren Gesprächspartner gekonnt durch den Tanz zu führen. Denn ein Überzeugungsprozess ist tatsächlich mit einem Paar-Tanz vergleichbar: Nur wenn beide Partner mit gleicher Schwingung, gleichem Tempo und gleichem Gefühl tanzen, werden sie als überzeugend und erfolgreich wahrgenommen. Dabei ist immer ein Tanzpartner derjenige, der führt, und der andere derjenige, der folgt. Auf der einen Seite steht eine klare Führung, Ihre Überzeugungsabsicht, und auf der anderen die Bereitschaft Ihres Gegenübers, dieser Führung zu folgen, also die Bereitschaft, sich von Ihnen überzeugen zu lassen. Das ist die absolute Voraussetzung.

Dabei ist es logisch, dass Sie sich einen Partner aussuchen sollten, der gerne mit Ihnen tanzt, sodass Sie beide Spaß bei der Sache haben. Sie müssen und sollten nicht jeden überzeugen, sondern sich im Vorfeld Gedanken machen, wer zu Ihrer Idee passt und wer tatsächliche Vorteile durch Ihr Angebot gewinnen kann.

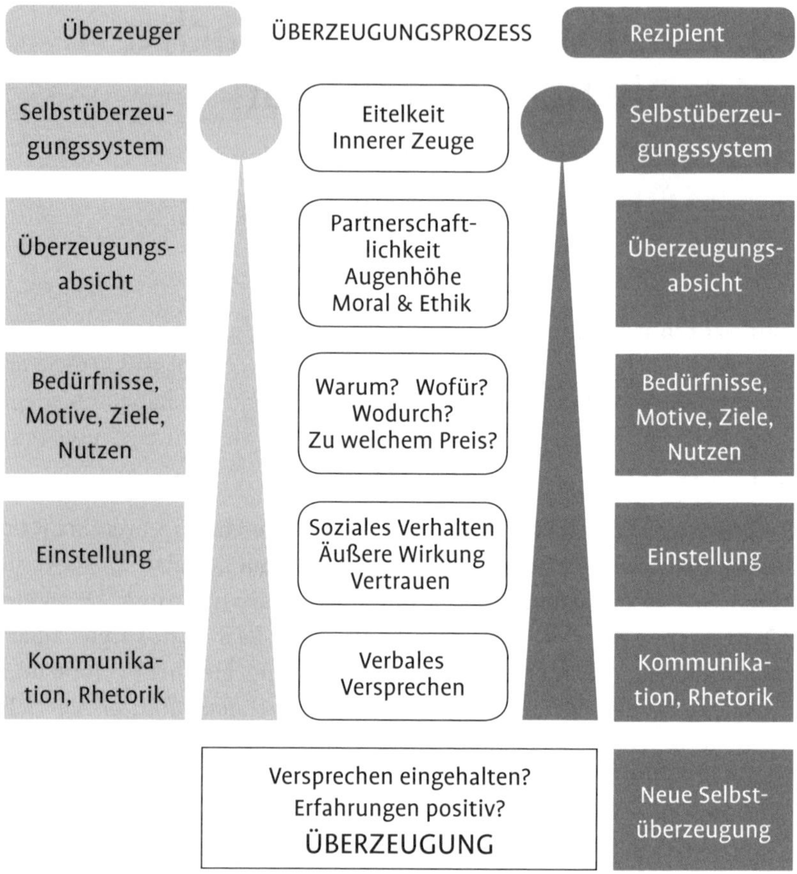

Abbildung 8: Überzeugungsprozess

In einer Überzeugungssituation sind Sie derjenige, der führt und die Verantwortung für das Gesamtergebnis trägt. Sie müssen die Tanzschritte gut beherrschen, um Ihren Gesprächs- oder Verhandlungspartner durch den Überzeugungstanz leiten zu können.

Die folgenden Schritte können Sie in fast jeder Überzeugungssituation anwenden: in privaten Gesprächen, in Verhandlungen, in Mitarbeitergesprächen oder in Verkaufsgesprächen.

Erster Schritt: die Selbstwahrnehmung

Ihre eigene Selbstüberzeugung und Ihre Zielsetzung müssen für Sie absolut klar sein.

- Wer sind Sie?
- Aufgrund welcher Selbstüberzeugung handeln Sie?
- Welche Bedürfnisse haben Sie und was motiviert Sie?
- Was wollen Sie erreichen?
- Was ist Ihr Angebot?
- Mit welchen eigenen Vorteilen rechnen Sie?
- Ihre positive Absicht: Können Sie mit Ihrem Angebot Ihrem Partner ehrliche Vorteile verschaffen?

Zweiter Schritt: die Fremdwahrnehmung

Ihr Gesprächspartner hat ebenso ein festes Selbstüberzeugungssystem, das Sie wertschätzen und respektieren müssen. Je besser Sie Ihr Gegenüber einschätzen können, umso besser können Sie seine individuellen Vorteile ausarbeiten.

- Wer ist Ihr Gegenüber?
- Was möchte er / sie erreichen?
- Mit welchen Vorteilen und Nutzen könnte diese Person rechnen?
- Welche Bedürfnisse hat diese Person und was motiviert sie, sich von Ihnen überzeugen zu lassen?
- Ist diese Person offen und bereit, Ihnen das Vertrauen zu schenken und sich von Ihnen überzeugen zu lassen?
- Welche Erwartungshaltung hat diese Person an Sie und können Sie diese erfüllen oder sogar übertreffen?

Dritter Schritt: der Überzeugungsrahmen

- In welchem Kontext möchten Sie diese Person überzeugen: privat oder beruflich?
- In welchem Beziehungsstatus stehen Sie zueinander?
- Können Sie dieser Person auf Augenhöhe begegnen?
- Welche Atmosphäre möchten Sie hierzu erschaffen?
- Wie können Sie den Wohlfühlfaktor steigern?
- Wie können Sie die Stressfaktoren ausschließen?
- Welcher zeitliche Rahmen steht Ihnen zur Verfügung?

Vierter Schritt: inhaltliche Klarheit

- Was genau möchten Sie wie mitteilen?
- Sind Sie klar fokussiert auf die gemeinsamen Ergebnisse?
- Mit welchen rhetorischen Mitteln können Sie überzeugen?
- Welche Argumentation ist schlüssig und sinnvoll?
- Welches sind Ihre fünf besten Argumente?
- Welche Nachteile Ihres Angebots kennen Sie?
- Welche Bedenken oder Einwände könnten im Weg stehen?
- Mit welchen Argumenten können Sie diese Einwände widerlegen?
- Mit welchen Beispielen können Sie Ihre Idee unterstützen?

Fünfter Schritt: emotionale Klarheit

- Welches emotionale Versprechen können Sie mit Ihrem Angebot abgeben bzw. welchen Nutzen können Sie erfüllen?
- Ist dieses Versprechen ausreichend, um Vorfreude, Begeisterung und Lust in Ihrem Gegenüber zu wecken?
- Welche Ängste könnten bei Ihrem Gegenüber entstehen?
- Sind diese Ängste berechtigt?

- Welche Garantien können Sie abgeben, um diese Ängste zu reduzieren?
- Gönnen Sie Ihrem Gegenüber seine Vorteile?

Sechster Schritt: Verhandlungsrahmen

- Was kostet Ihr Angebot bzw. was haben Sie davon?
- Ist der Preis angemessen und fair für beide Partner?
- Welchen Verhandlungsspielraum haben Sie nach unten oder nach oben?
- Ist Ihr Gesprächspartner bereit, in Ihr Angebot zu investieren (persönlich, zeitlich, emotional, finanziell)?

Siebter Schritt: die Erfüllung des Versprechens

- Haben Sie Ihr Versprechen eingehalten?
- Haben Sie die Erwartungen des Gegenübers erfüllt oder übertroffen?
- Haben Sie sich bei Ihrem Gesprächspartner für die guten Ergebnisse bedankt?
- Haben Sie sich Feedback geben lassen?
- In welchen Punkten können Sie Ihre Überzeugungskraft noch steigern?
- Gibt es noch offene Wünsche bei Ihrem Partner?
- Welche Potenziale erkennen Sie noch für weitere gemeinsame Schritte?

Achter Schritt: der Überzeugungsprozess ist beendet

Erst wenn die Ergebnisse mit dem Versprechen übereinstimmen, ist ein Überzeugungsprozess beendet!

Ein abgeschlossener Überzeugungsprozess bewirkt eine positive Referenz im Gedächtnis Ihres Gegenübers. Das Vertrauen ist gefestigt und ein langfristiger Weg geebnet. Sie haben auf allen Ebenen überzeugt: auf der kognitiven, emotionalen und auf der Verhaltensebene.

Ein letzter Tipp

Verbinden Sie Ihr gesamtes psychologisches Wissen mit Ihrer rhetorischen Überzeugungskraft und betrachten Sie jeden Überzeugungsprozess als ein Kunstwerk. Trotz aller erlernten Techniken, trotz Ihres Wissens und Könnens: Stellen Sie sich selbst immer wieder auf die Probe und entwickeln Sie sich dadurch weiter. Seien Sie sich sicher, je mehr Sie sich mit psychologischen Hintergründen beschäftigen, umso näher werden Sie an den Menschen sein. Und genau diese Einstellung wird Sie dorthin bringen, wo Sie sein wollen: Sie werden einen Platz in den Herzen der Menschen gewinnen, die Ihren Ideen folgen, weil sie Ihnen vertrauen und weil sie Sie als wertvolle Bereicherung in ihrem Leben schätzen. Denn von solchen Menschen lassen wir uns gerne überzeugen.

Ich wünsche Ihnen viel Erfolg bei der Umsetzung!

Literatur

Adler, Alfred (2008): *Menschenkenntnis.* Köln: Anaconda Verlag.

Adler, Alfred (2012): *Praxis und Theorie der Individualpsychologie.* Köln: Anaconda Verlag.

Bandura, Albert (1994): *Lernen am Modell: Ansätze zu einer sozial-kognitiven Lerntheorie.* Stuttgart: Klett-Cotta.

Becker, Jan (2013): *Du wirst tun, was ich will: Hypnosetechniken für den Alltag.* München: Piper.

Berne, Eric (2002): *Spiele der Erwachsenen: Psychologie der menschlichen Beziehungen.* Reinbek: Rowohlt.

Birbaumer, Niels & Schmidt, Robert F. (2005): *Biologische Psychologie.* Heidelberg: Springer.

Birbaumer, Niels & Zittlau, Jörg (2014): *Dein Gehirn weiß mehr, als du denkst: Neueste Erkenntnisse aus der Hirnforschung.* Berlin: Ullstein.

Carnegie, Dale (1985): *Wie man Freunde gewinnt.* Bern: Scherz Verlag.

Cialdini, Robert B. (2009): *Yes! Andere überzeugen – 50 wissenschaftlich gesicherte Geheimrezepte.* Bern: Verlag Hans Huber.

Cialdini, Robert B. (2013): *Die Psychologie des Überzeugens.* Bern: Verlag Hans Huber.

Correll, Werner (1996): *Pädagogische Verhaltenspsychologie.* München: Reinhardt.

Correll, Werner (2006): *Motivation und Überzeugung in Führung und Verkauf.* München: Redline Wirtschaft.

Correll, Werner (2010): *Menschen durchschauen und richtig behandeln.* München: mvg.

Dutton, Kevin (2011): *Gehirnflüsterer: Die Fähigkeit, andere zu beeinflussen.* München: dtv.

Echter, Dorothee (2011): *Führung braucht Rituale: So sichern Sie nachhaltig den Erfolg Ihres Unternehmens.* München: Vahlen.

Ekman, Paul (2010): *Gefühle lesen: Wie Sie Emotionen erkennen und richtig interpretieren.* Heidelberg: Spektrum Akademischer Verlag.

Etrillard, Stéphane (2009): *Gesprächsrhetorik: Souverän agieren – überzeugend argumentieren.* Göttingen: BusinessVillage.

Freud, Anna (2012): *Das Ich und die Abwehrmechanismen.* Frankfurt a.M.: Fischer.

Freud, Sigmund (2014): *Gesammelte Werke.* Köln: Anaconda.

Fritsch, Gerlinde R. (2012): *Der Gefühls- und Bedürfnisnavigator: Gefühle & Bedürfnisse wahrnehmen.* Paderborn: Junfermann.

Fromm, Erich (2004): *Den Menschen verstehen: Psychoanalyse und Ethik.* München: dtv.

Fromm, Erich (2005): *Die Pathologie der Normalität: Zur Wissenschaft vom Menschen.* Berlin: Ullstein.

Fuchs, Werner T. (2013): *Warum das Gehirn Geschichten liebt: Mit den Erkenntnissen der Neurowissenschaften zu zielgruppenorientiertem Marketing.* Freiburg: Haufe-Lexware.

Häusel, Hans-Georg (2011): *Think Limbic!* Freiburg: Haufe.

Häusel, Hans-Georg (2011): *Die wissenschaftliche Fundierung des Limbic® Ansatzes.* München: Gruppe Nymphenburg Consult AG.

Heckhausen, Jutta & Heckhausen, Heinz (2010): *Motivation und Handeln.* Heidelberg: Springer.

Hesse, Hermann (1975): *Narziß und Goldmund.* Frankfurt a.M.: Suhrkamp.

Hesse, Hermann (2002): *Wer lieben kann, ist glücklich.* Frankfurt a.M.: Insel.

Jonas, Klaus; Stroebe, Wolfgang & Hewstone, Miles (2014): *Sozialpsychologie.* Heidelberg: Springer.

Kernberg, Otto F. (2009): *Borderline-Störungen und pathologischer Narzissmus.* Frankfurt a.M.: Suhrkamp.

Kuhl, Julius (2009): *Lehrbuch der Persönlichkeitspsychologie: Motivation, Emotion und Selbststeuerung.* Göttingen: Hogrefe.

Maslow, Abraham H. (1981): *Motivation und Persönlichkeit.* Reinbek: Rowohlt.

Myers, David G. (2008): *Psychologie.* Heidelberg: Springer.

Micic, Pero (2014): *Wie wir uns täglich die Zukunft versauen: Raus aus der Kurzfrist-Falle.* Berlin: Econ.

Möller, Gerd; Laux, Gerd & Deister, Arno (2013): *Psychiatrie und Psychotherapie.* Stuttgart: Thieme.

Oerter, Rolf & Montada, Leo (1995): *Entwicklungspsychologie.* Weinheim: Beltz-PVU.

Rammsayer, Thomas & Weber, Hannelore (2010): *Differentielle Psychologie – Persönlichkeitstheorien.* Göttingen: Hogrefe.

Rogers, Carl R. (2012): *Die klientenzentrierte Gesprächspsychotherapie.* Frankfurt a.M.: Fischer.

Rogers, Carl R. (2014): *Entwicklung der Persönlichkeit: Psychotherapie aus der Sicht eines Therapeuten.* Stuttgart: Klett-Cotta.

Rogers, Carl R.& Rosenberg, Rachel L. (2005): *Die Person als Mittelpunkt der Wirklichkeit.* Stuttgart: Klett-Cotta.

Ruede-Wissmann, Wolf (2012): *Satanische Verhandlungskunst und wie man sich dagegen wehrt.* München: Wirtschaftsverlag Langen Müller Herbig.

Sutton, Robert I. (2008): *Der Arschloch-Faktor.* München: Heyne.

Watzlawick, Paul (2005): *Wie wirklich ist die Wirklichkeit? Wahn, Täuschung, Verstehen.* München: Piper.

Watzlawick, Paul (2009): *Anleitung zum Unglücklichsein.* München: Piper.

Watzlawick, Paul; Beavin, Janet H.& Jackson, Don D. (2011): *Menschliche Kommunikation: Formen, Störungen, Paradoxien.* Bern: Verlag Hans Huber.

Weltgesundheitsorganisation; Dilling, Horst (Hrsg.) (2008): *Internationale Klassifikation psychischer Störungen. ICD-10 Kapitel V (F). Diagnostische Kriterien für Forschung und Praxis.* Bern: Verlag Hans Huber.

Über die Autorin

Branka Ternegg ist Expertin für Überzeugungspsychologie, Business-Trainerin, Business-Coach, Dipl.-Klavierpädagogin und Heilpraktikerin für Psychotherapie. Ihre Expertise sammelte sie in den letzten 22 Jahren durch ihre umfangreiche Berufserfahrung in den Bereichen Pädagogik, Kunst, Marketing, Vertrieb, Coaching und Psychologie. Sie bezeichnet sich selbst als kreatives Multitalent mit ausgeprägtem Lernwillen, Geduld und Selbstdisziplin.

Bereits im jungen Alter von 21 Jahren erreichte sie ihr Doppeldiplom als Konzertpianistin und Klavierpädagogin an der Musikakademie der Universität in Zagreb, Kroatien. Unmittelbar nach ihrem Studium wanderte sie während des Balkankrieges aus ihrem Geburtsland Kroatien nach Österreich aus, wo sie mehrere Jahre als Künstlerin und Klavierpädagogin an einer Privatschule in Wien tätig war. Als viel begabte und wissbegierige Persönlichkeit, die sich stets weiterentwickelt, suchte sie nun nach neuen Herausforderungen und bildete sich in den Bereichen Eventmanagement, Marketing und Vertrieb weiter aus. Spaß, Freude und Neugier waren immer ihr Arbeitsmotto, sodass sie bald auch in diesen Bereichen durch ihr Verkaufstalent, ihre Kreativität und feinfühlige zwischenmenschliche Kommunikation ihre Arbeitgeber und Kunden erfolgreich überzeugte. Nach ihrer familiär bedingten Auswanderung nach Deutschland im Jahr 2004 begann sie nochmals zu studieren und erfüllte sich ihren Jugendtraum, Psychologie und Persönlichkeitsentwicklung zum Schwerpunkt ihrer Tätigkeit zu machen.

Seit einigen Jahren führt sie erfolgreich ihr Unternehmen *Dialog Training Coaching* und arbeitet als selbstständige/r Business-Trainerin, Business-Coach und Heilpraktikerin für Psychotherapie. Ihr Kernthema ist ethisch konforme, wertschätzende und authentische Überzeugung in Selbstmanagement, Marketing, Führung und Verkauf. Sie weiß, was es heißt, Menschen langfristig für sich zu gewinnen: durch intelligente Strategien, echte Emotion und die richtige Technik. Alle diese Faktoren sind eng miteinander verknüpft und tragen gemeinsam zu dauerhaftem Erfolg in Verhandlungen, Mitarbeiter- und Verkaufsgesprächen bei.

Ihr praxisbewährtes Know-how gibt sie sehr erfolgreich in ihren Trainings, Coachings und Vorträgen weiter. Zu ihren Kunden zählen Industrie- und Dienstleistungsunternehmen, Führungskräfte (m/w) aus Wirtschaft und Verwaltung, bekannte Künstler (m/w), selbstständige Unternehmer (m/w) sowie erfolgreiche Unternehmen im In- und Ausland. In den letzten Jahren stand sie als Trainerin und Coach ihren Klienten in Deutschland, England, Frankreich, Kroatien, in der Türkei und in Italien zur Seite. Zudem ist Branka Ternegg eine gefragte Referentin bei renommierten Weiterbildungsakademien. Zeitungen, Fachzeitschriften sowie Fernsehsender greifen gerne auf ihre Expertise in Verkaufs- und Überzeugungspsychologie zurück. Sie ist Autorin diverser Fachbeiträge und Kolumnen zu ihrem Expertengebiet. Ihre Coaching-Klienten (m/w) und Seminarteilnehmer (m/w) berichten, dass Branka Ternegg eine außergewöhnliche und inspirierende Persönlichkeit ist, die neben ihrer hohen fachlichen Kompetenz ihren Humor und Spaß bei der Arbeit vor allem durch ihre Menschlichkeit und Herzlichkeit einen prägenden Eindruck bei ihnen hinterlassen hat.

Mehr über das Leistungsspektrum der Autorin erfahren Sie unter:
↗ www.brankaternegg.com